EDITION BAUHAUS BAND 13 HERAUSGEGEBEN VON DER STIFTUNG BAUHAUS DESSAU

SERVE CITY

INTERAKTIVER URBANISMUS INTERACTIVE URBANISM

HERAUSGEGEBEN VON REGINA SONNABEND

JOVIS

VORWORT

Zu den zentralen Herausforderungen für die kreativen Disziplinen zählen seit eh und je der technische Fortschritt und der gesellschaftliche Wandel. Erdulden wir die Veränderung unserer Lebensbedingungen nur, oder nehmen wir aktiv Einfluss auf deren Gestaltung? Für das Gesicht unserer Städte sind heute in dieser Hinsicht drei Entwicklungen von entscheidender Bedeutung: die weiter zunehmende Dienstleistungsorientierung von Wirtschaft und Gesellschaft, die Digitalisierung der Kommunikationsmedien sowie die damit einhergehende Intensivierung weltweiter Interaktion. —— Auf der Suche nach konzeptionellen Zugängen und innovativen Entwurfsmethoden hat sich die Stiftung Bauhaus Dessau mit diesen Entwicklungen und ihren Auswirkungen auf den urbanen Raum unter der Überschrift «Serve City» auseinander gesetzt. Auf der Basis einer eigenständigen Analyse entwirft die nun vorliegende Studie eine städtebauliche Strategie für ein neues Service-Areal im australischen Sydney. —— Die Studie selbst ist Ergebnis des heutigen Bauhauses – als einer Werkstatt, die sich eine kontinuierliche, alle Aufgabenbereiche verknüpfende Zusammenarbeit zum Ziel gesetzt hat: von der Reflexion der Moderne über die Lehre im Bauhaus Kolleg bis zum gestalterischen Entwurf. In Anlehnung an die ursprüngliche Idee des Bauhauses, Theorie, Ausbildung und Praxis miteinander zu verbinden, wird vor allem jüngeren Gestaltern eine Plattform für zukunftsorientierte Arbeiten geboten. —— So nahm die Studie ihren Ausgang beim Bauhaus Kolleg III «Serve City» (2001/2002) mit der Aufarbeitung des Gesamtzusammenhanges und der Analyse der Nutzungsanforderungen einer dienstleistungsorientierten Ökonomie an den städtischen Raum. Dazu wurden unter anderem die Tagesabläufe von «Wissensarbeitern» erforscht. Anhand von Tätigkeitsplänen und Online-Interviews ging man deren täglichen Aktivitäten und den damit verbundenen Nutzungen von Technologie, Raum und Dienstleistungen nach. —— Mit dem Ergebnis einer anschließenden Nachbearbeitung der Kolleg-Resultate wird der Öffentlichkeit und den Developern des Areals nun ein Gestaltungsvorschlag unterbreitet, der sowohl konkrete Empfehlungen für das betreffende Quartier ausspricht als auch verallgemeinerbare Aussagen zum methodischen Vorgehen und zu den gestalterischen Schwerpunkten für eine entschlossene Dienstleistungsorientierung liefert. —— Das Planungsareal liegt zwischen einem hochwertigen Wohngebiet und dem Central Business District in Sydney. Am Beispiel dieses Konversionsgebietes, auf dem sich früher ein Güterbahnhof befand, werden mögliche architektonische und städtebauliche Konsequenzen der Nutzung von neuen Informations- und Kommunikationstechnologien dargestellt und diskutiert. Die technologischen Neuerungen werden dabei selbst zu einem maßgeblichen Planungsfaktor, der sich ebenso auf die Planungsziele für das Projektgebiet auswirkt wie beispielsweise auch mögliche Wechselwirkungen mit den Stadtstrukturen der «Suburbia» bestimmt. —— Die vorliegende Studie zeigt, wie die sich vor diesem Hintergrund abzeichnenden Anforderungen im Gestaltungsentwurf umzusetzen sind: die Flexibilisierung der urbanen Nutzungsmuster, der wachsende Bedarf an Verbindungen mit verschiedenen urbanen Netzwerken sowie die Herstellung einer hohen Dichte urbaner Dienstleistungen.

OMAR AKBAR
DIREKTOR DER STIFTUNG BAUHAUS DESSAU

PREFACE

Technical progress and social change have traditionally ranked among the main challenges to the creative disciplines. Do we simply tolerate the changes in our living conditions or do we make an active attempt to influence them? With this in mind, three developments are of crucial significance for the profile of our modern cities: the growing focus on services in the economy and society, the digitisation of the communication media and the resulting intensification of global interaction. —— Motivated by a desire to promote intellectual understanding and innovative design methods, the Bauhaus Dessau Foundation has addressed these developments and examined their impact on the urban space under the heading «Serve City». The study this has given rise to, which rests on an independent analysis, maps out an urban development strategy for a new services area in Sydney, Australia. —— The study is a product of the Bauhaus as it presents itself today – as a workshop with a focus on continuous, inter-disciplinary co-operation that extends from reflection on the modern age to teaching in the Bauhaus Kolleg and to creative design. Following on the original Bauhaus idea of combining theory, training and practice, considerable emphasis is placed on providing young designers, in particular, with a platform for forward-looking projects. The present study, for instance, took its lead from the Bauhaus Kolleg III «Serve City» (2001/2002) in examining the general situation and analysing the demands made on urban space by a service-oriented economy. This involved taking a close look at the daily routines of «knowledge workers». Activity plans and on-line interviews were used to investigate their daily activities and the use they made of technology, space and services. —— The outcome of the work in the Kolleg has been duly processed and is presented here to the general public and developers in the form of a proposed scheme that provides specific recommendations for the neighbourhood concerned while making more general statements on the method employed and on the creative focus required by a deliberate concentration on the provision of services. —— The development site is located between a high-class residential area and the Central Business District in Sydney. A former marshalling yard designated for conversion, the site is used to demonstrate and discuss the consequences that new information and communication technologies might have for architecture and town planning. The technological innovations themselves constitute a key planning factor, which influences the planning objectives for the project area and determines potential interaction with the structures to be found in suburbia. —— This study shows how due account can be taken of the needs arising from such developments by proposing a scheme that incorporates the flexibilisation of urban use patterns, the growing demand for links with various urban networks and the establishment of a high density of urban services.

OMAR AKBAR
DIRECTOR OF THE BAUHAUS DESSAU FOUNDATION

SERVE CITY

EINE DISKUSSION A DISCUSSION
MIT WITH ANNA KLINGMANN, NEIL LEACH,
WILFRIED HACKENBROICH, REGINA SONNABEND

STADT DER ENTGRENZTEN RE-PRODUKTION
CITY OF DE-LIMITED RE-PRODUCTION
REGINA SONNABEND

EINE DISKUSSION

MIT ANNA KLINGMANN **AK**, NEIL LEACH **NL**,
WILFRIED HACKENBROICH **WH** UND REGINA SONNABEND **RS**[1]

NL: Einerseits enthält euer Projekt einige allgemein gültige Beobachtungen zu einem sich herausbildenden neuen Lebensstil, die ich interessant und überzeugend finde. Andererseits macht ihr auch konkrete Vorschläge für eine Architektur, die diesen Lebensstil ermöglichen soll. Die haben mich weniger überzeugt, denn sie wirken doch eher willkürlich. —— Interessant fand ich den fast paradoxen Bezug auf «Rituale». Es ist doch sonderbar, dass dieses neue, nomadenhafte Lebewesen, das ihr «Wissensarbeiter» nennt, einen Sinn für Rituale entwickelt hat. Denn dieses Konzept gehört doch eigentlich in die alte Welt und hat mit diesem ultramodernen Typ, der da beschrieben wird, anscheinend wenig zu tun. Ich denke deshalb, dass eure Beurteilung, die ansonsten sachkundig und präzise ist, vielleicht etwas vereinfachend daherkommt. Das war der in eine Richtung weisende «Pfeil» in euren Diagrammen, die bestimmte Verhaltensentwicklungen veranschaulichen. —— Ich meine, dass bestimmte Rückkopplungsschleifen, Verdrängungen, Kompensationen, Reziprozitäten und dialektische Vorgänge einfach anerkannt werden müssen. Mit der Herausbildung dieser neuzeitlichen «Rituale» haben wir nun ein regulierendes Korrektiv für ein ansonsten kompromisslos dereguliertes Modell. Aber diese beiden Bedingungen, Regulierung und Deregulierung, sind so miteinander verzahnt, dass man mit Deleuze von einer «reziproken Voraussetzung» sprechen könnte. Eins bedingt das andere, so dass wir es nie mit einem einfachen Vorgang in der Art einer Einbahnstraße zu tun haben, bei dem ein Modell vom anderen abgelöst wird. Es ist doch so, dass sich das Lokale zum Globalen hin und wieder zurück bewegt, ein Prozess, der dann zu einer Art «Glokalisierung» führt. Das zeigt sich auch bei der Verlagerung der Standardisierung zur Individualisierung und zurück. Diese Dynamik ist eigentlich immer im Spiel. Das Bedürfnis nach Ritualen oder einer Art Bodenständigkeit, Stabilität, ist diesem Prozess inhärent, obwohl es auf den ersten Blick den Eindruck macht, als handele es sich schlicht um Destabilisierung. —— Das wirft die Frage nach den Informations- und Kommunikationstechnologien und dem Digitalen auf. Oft wird angenommen, dass die Entwicklung digitaler Technologien eine Welt schafft, in der Raum unwichtig ist, da man sich heutzutage überall einloggen und auch fast von überall aus arbeiten kann. Aber genau das Gegenteil ist der Fall: Gerade weil die digitale Technik so viele Möglichkeiten bietet, wird die Wahl des Ortes immer wichtiger. In dem Maße, in dem unsere Welt immateriell wird, erweitert sich unser Zugriff auf die Welt des Materiellen. Wir begegnen der Rache des Physischen oder dem, was Bill Mitchell als «Rache des Ortes» bezeichnet. Hier scheint sich eine komplexe Balance herauszubilden. —— Und während man in solchen modernen Ritualisierungsprozessen den Wunsch nach Ausgleich in einer immer stärker deregulierten Welt entdeckt, fragt man sich, inwiefern dies auch auf das Besitz- oder Eigentumsmodell zutrifft, das ihr vorschlagt. Ihr tretet offensichtlich für eine strategische Aneignung des Raumes durch die temporäre Anmietung von Gemeinschaftseinrichtungen anstelle eines ständigen Privatbesitzes ein. In gewisser Weise ist dieses Modell der Anmietung von Gemeinschaftsräumen selbst eine Art Privatisierungsversion des sozialistischen Modells urbaner Existenz, das vielerorts zugunsten des Individualeigentums aufgegeben wurde. Das große Ziel besteht nun darin, dass jeder seinen eigenen Swimmingpool, seinen eigenen Tennisplatz, seinen Privatjet und so weiter hat. —— Aber die Frage des «Ausgleichs» betrifft euren Vorschlag insgesamt. Was Sydney angeht: Bietet ihr da etwas an, ein Gelände, einen Teil der Stadt, das ein eigener interner «Ausgleich» für all das ist? Oder bietet ihr mit eurem Vorschlag ein «Gegenmittel» zu Prozessen an, die sich anderswo in Sydney vollziehen? Kann dieses Quartier, New Rozelle, als separate Einheit betrachtet werden, die unabhängig von Vorgängen anderswo existiert, oder ist es eingebunden in einen komplexen Mechanismus von Gewichten und Gegengewichten, der die gesamte Stadtlandschaft erfasst und darüber hinausreicht? Es würde sich lohnen, diese Frage «Gegenmittel oder Ausgleich?» weiterzuentwickeln.

WH: Das Projekt ist zwischen beidem angesiedelt und existiert nicht getrennt von den Prozessen anderswo: Wir bieten gleichermaßen einen Ausgleich für suburbane Mängel und ein Gegenmittel zur suburbanen Struktur an. Unser Vorschlag stellt eine Weiterentwicklung der heutigen suburbanen Konstellationen dar, also dieser typischen Verhältnisse mit einer Hauptstraße und endlosen Parzellen mit Einfamilienhäusern, wo man nur wohnt und sich kaum etwas anderes abspielt. Wir haben ein Modell entworfen, das Möglichkeiten für urbane Aktivitäten bietet, ohne unbedingt ein Central Business District en miniature zu werden, was wohl eine recht begrenzte Lösung wäre. Subversiv ist unser Vorschlag darin, wie er mit den Typologien der suburbanen Konstellationen umgeht. Er gruppiert sie so um, dass sich daraus etwas anderes, Neues im Vergleich zu ihrem ikonografischen oder traditionellen Verständnis ergibt. —— Architektur ist willkürlich, und alles, was wir bestenfalls aus dem Entwurfsprozess herausholen können, ist, Beziehungen herzustellen. Die von uns entwickelten Typologien sind dabei sehr eng mit unserer Forschung verbunden. —— Deleuzes Begriff der «reziproken Voraussetzung» auf die sich verändernden Bedingungen, die wir beschreiben, zu beziehen, erscheint mir interessant. Ich stimme zu, dass man die Schlussfolgerungen in zwei Richtungen interpretieren muss. Aber für uns ist diese reziproke Voraussetzung für den eigentlichen urbanen Vorschlag, der die Beziehungen und Rückkopplungsschleifen im urbanen Kontext präzisiert, viel wichtiger.

NL: Der Vorschlag bietet eine radikal neue Sicht des urbanen Lebens, die in mancher Hinsicht revolutionär ist und anerkannte Normen «untergräbt». Sie hängt auch stark von den Informations- und Kommunikationstechnologien ab. Viele haben diese Technologien ja lange als mögliche subversive Gegenmaßnahme zu den vorhandenen Bedingungen betrachtet und gehofft, sie könnten eine emanzipatorische Wirkung entfalten und sich positiv auf unsere urbane Umgebung auswirken. Manche haben sich insbesondere vorgestellt, dass dadurch ein Beitrag zur «Begrünung» der Umwelt zum Beispiel durch zurückgehenden Fahrzeugverkehr und zur Reurbanisierung unserer Städte geleistet werden könnte. —— In Wirklichkeit jedoch verschärfen die Informations- und Kommunikationstechnologien einfach nur die bestehende Situation. Wir erleben jetzt zum Beispiel, dass neue IT-Anlagen, Dienstleistungseinrichtungen oder Call-Center oft an Verkehrsknotenpunkten außerhalb der Stadt angesiedelt werden. Solche Einrichtungen erhöhen nur den Verkehrsbedarf und verlagern die Aufmerksamkeit von den Stadtzentren hin zur Peripherie. Ich bin mir nicht sicher, wie subversiv der Einfluss von ICTs[2] sein kann oder ob diese überhaupt imstande sind, vorhandene Tendenzen aufzufangen.

WH : Ich habe Subversion nicht in Bezug auf die ICTs gemeint, sondern im Hinblick auf das Projekt selbst, bezogen auf die Neugruppierung der Typologien, die Umgestaltung von Freiflächen und die Ermöglichung von Aktivitäten. Die Informations- und Kommunikationstechnologien sind nur ein zusätzliches Instrument. Wir sind nicht der Meinung, dass sie an sich eine Lösung darstellen oder unbedingt ein subversives Potenzial haben. Für mich ist es immer interessant, wie Architektur oder Stadtplanung als Antwort auf das Phänomen des Wissensarbeiters oder die Existenz von Netzwerken entwickelt werden kann. Es überrascht mich eigentlich nicht, dass die neuen Technologien das Verhalten der Menschen nicht verändern. Technische Innovationen haben Verhaltensmuster, gute wie schlechte, immer nur verstärkt.

NL : Wir reden jetzt darüber, wie durch Planung Veränderungen bewirkt werden können. Diese Art urbaner Choreografie ist der Arbeit von Entwicklern nicht unähnlich. Ich meine damit, dass Entwickler sich Möglichkeiten vorstellen und Szenarien planen müssen. Und dann sind sie darauf angewiesen, dass jemand den Wunsch hat, sich in ein solches System auch tatsächlich einzukaufen. «Einem Pferd kann man Wasser geben, aber zum Saufen kann man es nicht zwingen.» Entwicklung basiert immer auf dem Prinzip eines potenziellen Wunsches. Ich habe deshalb bei einigen der vorgestellten Szenarien leise Zweifel.

RS : Das Projekt ist ein Versuch, vorhandene urbane Typologien zu überdenken und neu zu interpretieren. Es will neue Mischungen und Bedingungen schaffen, mit Möglichkeiten und Optionen, die besser zu modernen urbanen Lebensgewohnheiten und Anforderungen passen. Uns geht es nicht nur um diese Dienstleistungselite, die wir hier als «Wissensarbeiter» bezeichnet haben. Wir interessieren uns für diesen neuen Personentyp als Rollenmodell, als Pionier eines neuen Lebensstils oder, genauer gesagt, eines neuen Modells der «alltäglichen Lebensführung». Diese Lebensführung ist heutzutage viel stärker individualisiert als zuvor, und zwar in dem Sinne, dass man ständig seine alltäglichen Arbeits- und Lebensbedingungen organisieren muss. Ulrich Beck sagt, in der Postmoderne sei die Individualisierung die Bedingung des Sozialen, die Weise, in der das Soziale in Erscheinung tritt. Wir haben versucht, den Wissensarbeiter als einen sozialen Akteur zu begreifen, der diese Bedingung in sehr fortgeschrittener Weise repräsentiert und gleichzeitig vielleicht weniger freiwillig als gezwungenermaßen eine Form der alltäglichen Lebensführung entwickelt, die für einen viel größeren Kreis der arbeitenden Bevölkerung relevant sein wird. Sehen wir uns doch nur einmal die Situation der Produktionsarbeiter in einem modernen Autowerk an, zum Beispiel in Wolfsburg, wo VW die flexible Produktion eingeführt hat. Das bedeutet zunächst einmal flexible Arbeitszeiten für Angestellte und Produktionsarbeiter: Hier arbeitet der Arbeiter «just in time», entsprechend den Anforderungen der Firma, also denen des Marktes. Selbst solche «traditionellen Arbeiter» haben hinsichtlich ihrer Arbeitszeiten keine «traditionellen» Routinen mehr. Sie sind gezwungen, ihre individuelle Lebensführung an der flexiblen Produktion des globalisierten Unternehmens auszurichten. Das ist der Punkt, an dem sich bei den Dienstleistungseliten und den Produktionsarbeitern die Muster der alltäglichen Organisation von Arbeit und Leben zu ähneln beginnen.

NL : Für den Lebensstil, den ihr hier vorschlagt, kann das ein Schlüsselelement sein. Interessant, was ihr über die Individualisierung sagt. Sie geht eigentlich Hand in Hand mit dem

Gegenteil, der Standardisierung. Bei vielen Markenartikeln kauft man ja ein bestimmtes Muster. Wenn man zum Typ «Virgin» gehört, fliegt man mit Virgin über den Atlantik, kauft die Kondome bei Virgin, die Schallplatten und so weiter. Oder man gehört zum Typ «Starbucks», dann sucht man sich überall in der Welt ein Starbucks Café. Zwischen Individualisierung und Standardisierung besteht also eine ständige Spannung. —— Das von euch vorgeschlagene Modell ist sowohl allgemein als auch individualisiert. Das führt zurück zu der Frage, ob es nur ein Modell für Sydney oder New Rozelle ist oder ein allgemein gültiges Modell, das auch in einem anderen Kontext Anwendung finden könnte. Es besteht ein Spannungsverhältnis zwischen diesem recht universellen Lebewesen, das ihr beschreibt, und dem Vorschlag, der sich interpretieren lässt als konkrete Untersuchung einer konkreten Gruppe von Menschen in Sydney; das ist das Spannungsverhältnis innerhalb des Projekts selbst.

AK: Mir gefällt, dass dieses Modell einerseits spezifisch ist in seiner Anwendung auf Sydney, aber auch als allgemein gültiges Modell funktioniert, wenn es darum geht, eine Alternative für die aktuelle Planungspraxis zu entwickeln. Es ist eine Spekulation über die mögliche Herausbildung programmatisch und formal artikulierter Architekturtypen, gefangen zwischen den Spannungen delokalisierter Informationen und dem Wunsch nach physischen Erfahrungen. Das ist die Antwort auf die von dir so bezeichnete «Rache des Ortes», eine Alternative zur Rekonstruktion der Nostalgie, des reaktionären Planungsmodells für Suburbia, die in den Vereinigten Staaten und anderswo gerade sehr en vogue ist. In dieser Hinsicht beschäftigt sich das Projekt mit einer äußerst relevanten Frage: Wie können wir alternative Planungsmodelle zum gegenwärtigen Dilemma des New Urbanism entwickeln, wie ihn die Immobilienwirtschaft als «Avantgarde der amerikanischen Planer» feiert? Wenn wir dieses Modell und die traditionellen Formen von Suburbia nicht mittragen wollen, müssen wir ein neues Modell erarbeiten, das moderne Lebensweisen berücksichtigt. Genau das ist die Stärke des Projekts. Es geht diesen Schritt wirklich. Natürlich sind seine architektonischen Vorstellungen in gewisser Weise willkürlich, aber Architektur hat ja schließlich immer etwas mit Willkür zu tun, mit Spekulation, mit Risiko. In diesem Sinne schafft es das Projekt, ein Modell für suburbanes Leben zu liefern, das nicht länger auf nostalgische Vorstellungen davon beschränkt ist, wie Familienleben aussehen sollte. Es spekuliert auch über neue Modelle diversifizierter Lebens- und Arbeitsverhältnisse in Bezug auf Programm und Artikulation. Und es präsentiert ein Gemeinschaftsleben, in dem Plattformen des öffentlichen und privaten Lebens auf unterschiedlichen Zeitskalen ineinander übergehen, wodurch dieselbe Art von Überlappung entsteht, wie sie derzeit das Internet, nicht aber die reale physische Welt bietet.

NL: Ich frage mich, ob diese Konzentration auf die ICT wirklich nötig ist. Geht es nicht eigentlich nur um Lebensweisen und nicht unbedingt um technologische Fragen? Natürlich wird dieser neue Lebensstil durch die neuen Kommunikationstechnologien gefördert, aber es gibt doch noch viele andere Faktoren.

RS: Ja, aber die Informations- und Kommunikationstechnologien sind eine der wichtigsten Komponenten bei der Förderung der globalen Organisation der Produktion in den letzten Jahrzehnten geworden; sie ermöglichen auch die individuelle Synchronisation der desynchronisierten Arbeits- und Lebensgewohnheiten, wie sich bei unserer qualitativen Untersuchung herausgestellt hat. Deshalb haben wir begonnen, uns für die Schnittpunkte bestimmter Lebensweisen und entsprechender Anwendungen von ICTs zu interessieren.

WH: Im Laufe des Jahres sind im Bauhaus Kolleg III «Serve City» viele unterschiedliche Aspekte im Zusammenhang mit den ICTs untersucht worden. Ich glaube, die Schwierigkeit bestand darin, die Essenz herauszufiltern oder den richtigen Ansatz für ihre Darstellung zu finden. Sicher sind die Beobachtungen an einigen Punkten reduziert oder zum im Planungsprozess Machbaren verdichtet worden. Wir leben in einer Welt mit all diesen Netzwerken, Dienstleistungen und Zugangsmöglichkeiten. Aber eigentlich ist sie nicht dafür geschaffen worden, selbst wenn es funktioniert. Alte Fabrikgebäude werden umgebaut, und die Computer funktionieren dort auch. Andererseits bleibt die Frage: Gibt es nicht die Möglichkeit, sich an diese Bedingungen besser anzupassen?

NL: Was die ICT angeht, so stimme ich zu, dass das die wichtigste Entwicklung überhaupt ist, aber sie spielt sich nicht isoliert ab. Es gibt andere Faktoren aus dem sozialen und politischen Bereich, die auch wichtig sind. Deshalb ist für mich das Konzept des Lebensstils, bei dem es um viel mehr geht, die überzeugendere Art, das, also die Veränderung der Arbeits- und Lebensweisen, anzusprechen und auf diese Fragen in einer eher ganzheitlichen Weise einzugehen. Das führt zu bestimmten Parametern, wie zum Beispiel den psychologischen Aspekten des Umgangs mit der Mobilität in unserer neuen Welt gerade durch den Rückgriff auf so etwas Altmodisches wie Rituale.

AK: Du beziehst dich auf die Frage des Ortes, auf die Frage, wie digitale Instrumentarien genutzt werden können, um wieder einen Rahmen für Lokalisierung und Nachbarschaft herzustellen. Das ist interessant, denn irgendwie ist es ja sinnlos, jemanden im Cyberspace über dem Ozean zu treffen. Ich finde das schon faszinierend, dass so ein digitales Gerät plötzlich genutzt werden kann, um eine neue Nachbarschaft zu begründen, womit man dann in die reale Welt eintauchen kann.

NL: Ich bin etwas nervös geworden, als ich einen Vortrag von Saskia Sassen hörte, in dem sie über die «Portale» sprach, über die sich die beiden Welten in Verbindung setzen könnten. Ich glaube, so einfach ist das nicht. Es geht nicht darum, dass da ein physischer Ort mit einer materiellen Welt ein «Portal» zu einer immateriellen Welt bildet. Eher entwickeln sich neue, hybride Formen räumlicher Praxis, die auf einer komplexen Wechselwirkung zwischen den beiden Domänen beruhen, einer Wechselwirkung, die sich nicht unbedingt auf feste «Portale» reduzieren lässt. —— In meiner eigenen Arbeit habe ich eine Vorstellung entwickelt, die ich «Hotmail-Kultur» nenne, das heißt, dass man sich überall auf der Welt in eine bestimmte Existenzform einloggen kann. Das meine ich mit Lebensstil – es gibt da mobile Parameter, an die man sich anschließt und mit denen man sich identifiziert. Architektonisch gesehen habe ich «ästhetische Kokons», wie ich sie nenne, untersucht, die dem urbanen Nomaden der Gegenwart Zufluchtsmöglichkeiten bieten, um seiner hochgradig entterritorialisierten neuzeitlichen Existenz zeitweilig zu entkommen. Man kann durch die ganze Welt reisen und wird überall ein Hotel von Ian Schrager finden. Es ist völlig egal, wo das Ian-Schrager-Hotel steht, in Miami, New York, London oder Los Angeles. Aber irgendwie ist man dort zu Hause, es ist ein ortloser Ort. Das ist das Interessante an diesem neuen Lebensstil und an den multiplen Identitäten, die er hervorbringt: Sie sind nicht an ein Gebäude gebunden. Sie werden zu mobilen Indizes, in die man sich einloggt oder ausloggt.

AK: Ja, aber wie kommt hier Suburbia ins Spiel? Die Vorstadt ist doch eine Art Gegenkultur zu dem gerade beschriebenen urbanen Nomaden. Dort schlagen die Menschen sozusagen wieder Wurzeln in einem ikonografischen Zuhause, wenn man so will. Sieht man sich das Wohnen in Amerika näher an, so ist es doch sehr durch den suburbanen Lebensstil geprägt. Und in Suburbia geht es sehr stark um die Trennung und Isolierung von privatem und öffentlichem Leben. Es scheint mir deshalb eine interessante Herausforderung, beides wieder zusammenzuführen. Planung wird von jetzt an durch genau diese halb öffentlichen und halb privaten Programme motiviert, bei denen man zum Beispiel einen Pool für eine Party mieten kann. Das ist eben etwas völlig anderes als ein Besuch im öffentlichen Schwimmbad, aber auch etwas anderes, als einen eigenen Pool zu unterhalten mit all den dazugehörigen dauerhaften Verpflichtungen. Das ist ein sehr interessantes Konzept: die Entwicklung selektiv-öffentlicher Räume.

WH: Ich möchte noch einen weiteren Aspekt erwähnen, der die Planung und den Ausgleich zwischen der Sicht des Planers und der des Nutzers betrifft. Wir liefern urbane Entwurfsstrategien als ein offenes System mit relevanten Regeln und Optionen. Ein solches System überwindet den Bedarf an architektonischer Festlegung und Rechtfertigung, denn die Architektur ist eine Option, die in einem Netzwerk von Beziehungen und Entscheidungen unter Einbeziehung von Planern und Nutzern wirkt. Das ist schon ein großer Unterschied im Planungsansatz. Das tatsächliche Ergebnis ist ein ähnliches Netz von Optionen für individuelle Raumpraktiken und Lebensstile. Form allows function: Die urbane Form ermöglicht Funktion, sie wird nicht von der Funktion bestimmt. Wir haben die Möglichkeiten der ICT integriert und gehen über den einfachen Gedanken von Portalen oder Schnittstellen hinaus. Indem wir diese Kommunikationsweise in Beziehung zum Raum setzen, deuten wir eine vielschichtige Beziehung zu ihr, einschließlich räumlicher Rückkopplungen, an. — Dieser Vorschlag ist natürlich nicht für Leute gedacht, die ein großes Haus in den Bergen haben mit einem eigenen Pool und eigenem Zugang zum Wasser. Um diese Gruppe geht es hier wirklich nicht. Warum sollte jemand, der sich so etwas leisten kann, einen Swimmingpool mit anderen teilen, wenn er seinen eigenen haben kann? Aber es gibt da speziell eine große Gruppe von Menschen mit mittlerem Einkommen, die sich einen «höherwertigen» Lebensstil leisten könnten. Eine weitere Zielgruppe wären Leute, die sich zeitlich begrenzt in einer Stadt aufhalten. Wenn man zum Beispiel für sechs Monate in Sydney ist, kann man sich ohne hohe Kosten einen solchen Lebensstil leisten. Ich glaube schon, dass dieser urbane Rahmen recht flexibel und nicht auf einen Lebensstil begrenzt ist.

NL: Auch wenn das System irgendwie offen und dadurch recht anpassungsfähig ist, scheint es mir doch zu sehr auf einen bestimmten Personentyp zugeschnitten, auf ein urbanes Wesen, das vermutlich allein stehend ist oder zumindest nicht allzu viele soziale Verpflichtungen hat. Dieser Typus ist nicht repräsentativ für den Durchschnitt der Bevölkerung.

RS: Die Szenarien sind an den unterschiedlichsten sozialen Situationen innerhalb dieses neuen Quartiers ausgerichtet, vom arbeitslosen Single mit dem Wunsch nach Existenzgründung bis hin zum allein erziehenden Anwalt, der die Kinderbetreuung in seinen Tagesablauf einbauen muss. Uns geht es um ein Alternativkonzept zu der verbreiteten Auffassung, dass Individualisierung und die neuen Informations- und Kommunikationstechnologien zwangsläufig zur Atomisierung und Isolierung der Menschen führen. Für mich ist das ein Vorschlag, der urbanistische Rahmenbedingungen für eine bestimmte Form der Wiedereinbettung von Individuen in das städtische System schafft. Der Versuch, «kollektiv verfügbare Ressourcen» in Bezug auf Infrastruktur, Institutionen, Verfahren zu mobilisieren. Ich würde sogar behaupten, dass wir die Frage nach der Umsetzung neuer infrastruktureller Standards aufwerfen, die unterschiedlichsten Lebensstilen dienen sollen. Paradoxerweise bedarf es dazu personalisierter und privatisierter Ressourcen. Wir zeigen, wie ICTs als neue infrastrukturelle Bedingung zur Verbesserung der urbanen Kohärenz eingesetzt werden können, als Mittel, um die Bindungen zwischen Individuen und zwischen Individuen und der urbanen Umgebung zu unterstützen.

AK: Das rückt wirklich eine neue soziale Kultur ins Zentrum, die jetzt in Suburbia völlig fehlt. Jeder leidet unter den Folgen suburbaner Planungen, unter Isolation und Modernisierung. In dieser Hinsicht ist hier wirklich ein interessanter Hybrid geschaffen worden, der Vorschlag eines urbanistischen Rahmens, der gleichzeitig durch Flexibilität und Spezifität gekennzeichnet ist. Wir alle wollen Flexibilität, aber wir brauchen auch individualisierte, maßgeschneiderte und spezifische Situationen, und es wird zu einer immer interessanteren Herausforderung, wie alle diese Parameter einerseits im Planungsprozess und andererseits in der physischen Struktur der Architektur zusammengeführt werden können, um ein kreatives Feld zu schaffen, das sich über beide Bedürfnisse definiert. Es ist interessant, wie das bei der Gestaltung von Architektur und der Bereitstellung von Rahmenbedingungen wieder angesprochen wird, wodurch ja das, was da ist, konstruktiv kritisiert wird, diese kontrollierten Disney Worlds der Gegenwart, die aus Bewohnern Konsumenten machen. In einer Gemeinde, wie ihr sie vorschlagt, werden aus Konsumenten Produzenten, und ihre Aktivitäten sind für die Öffentlichkeit sichtbar, Aktivitäten wie zum Beispiel Arbeit und soziales Engagement, die in den letzten Jahren fast vollständig unsichtbar und privat geworden sind. Natürlich kann man von zu Hause aus online arbeiten und aus seiner Wohnung ein Büro machen. Aber das schafft keinen sozialen Kontext, denn die Arbeit wird von anderen nicht wahrgenommen. Wir waren lange davon überzeugt, dass wir gar nicht mehr sichtbar sein müssten, weil das Internet unser «Fenster zur Welt» sei. Die Konsequenz ist natürlich nun, dass unser Arbeitsleben so privat geworden ist, dass es immer wichtiger wird, eine Art physischen öffentlichen Raum für unsere Arbeit zu schaffen, eine Nachbarschaft, wenn man so will, wo andere sehen, was man tut. Viele Leute brauchen heute keine komplette Büroumgebung mehr, was sie aber auf alle Fälle brauchen, ist eine soziale Arbeitsumwelt, und es ist wichtig, das in einer Typologie auszudrücken. Es ist nicht dasselbe, wenn ich von zu Hause aus oder von einem Loft aus arbeite und dabei in Kontakt mit anderen stehe. Deshalb ist es wichtig, mit Hilfe eines Architekturtyps eine öffentliche Schnittstelle zu schaffen.

NL: Das Argument leuchtet mir ein. Allerdings finde ich, dass an dem Vorschlag am wenigsten die Umsetzung in eine architektonische Form überzeugt. Was da vorgestellt wird, ist meiner Meinung nach eine sehr interessante neue Sozialkultur, sozusagen eine neue Typologie der Existenz, aber die Beziehung zu den vorgeschlagenen physischen Strukturen scheint mir doch etwas dürftig zu sein. Ich persönlich wohne in einer alten architektonischen Typologie, einem viktorianischen Reihenhaus, das 1870 erbaut wurde. Aber ich habe meinen Computer dort und kann per E-Mail mit dem Rest der Welt Kontakt aufnehmen, selbst wenn ich meinen Wohnungs-nachbarn bislang noch nicht getroffen habe. Mit meiner «Gemeinschaft» trete ich per E-Mail in Kontakt, und sie befindet sich in der ganzen Welt, in Amerika, Australien oder Hongkong. In gewisser Weise bin ich ein gutes Beispiel für den urbanen Nomaden, den ihr hier zu definieren versucht, aber dieser Lebensstil muss sich nicht unbedingt in physischen Formen ausdrücken.

WH: Aber diese Lebensstile können als physische Form freigesetzt werden, bei Produkten macht man das doch seit Jahren! Die Umsetzung in eine architektonische Form ist hier aber deshalb weniger interessant, weil die Architektur eingesetzt wird, um dem urbanen Konzept und der neuen Sozialkultur zu dienen. Sie ist kein Selbstzweck. Sie folgt dem Prinzip der Rezi-prozität und hängt von den tatsächlichen Wünschen ab. Damit werden die Planer einer vorauseilen-den Definition enthoben. Es gibt übrigens einige Spekulationen auf der Ebene der Architek-tur, besonders bei den Typologien, die vorbestimmt sind, wie die Freiflächen und der Urban Generator: Diese Typologien sind Feldstrukturen, vollständig unter die urbane Oberfläche getaucht, aber sie entwickeln keine dominante Rolle. Die Objekttypologien, wie Living+ und Working+, sind Teil des Co-Designs und deshalb eher Skizzen. Das andere ist, dass Wissensar-beiter oder Menschen, die von zu Hause aus arbeiten, sich nicht mehr in einer Unternehmens-struktur bewegen, das heißt in einer sozialen oder Dienstleistungsstruktur. Hier gibt es eine neue Aufgabe für die urbane Struktur, nämlich diesen Verlust der Unternehmensstruktur zu kompensieren. Wir müssen uns doch nur vorstellen, dass jemand, der so eine Living+-Einheit nutzt, nicht einfach in einer abgeschlossenen Umgebung arbeitet. In einer Living+-Einheit arbei-ten nicht nur Wissensarbeiter, sondern auch andere Dienstleister oder Leute, die ein Café oder einen Laden haben. Um Geschäftskontakte zu pflegen, braucht man schon eine gewisse Öffentlichkeit. Sobald man ein Architekturbüro oder ein Grafikstudio, das fünf Leute betreiben, betritt und mit seinen Kunden spricht, muss man Geschäftliches öffentlich, repräsentativ machen. Es ist zusätzlich von Wert, wenn man diese Öffentlichkeit in verschiedenen Situationen demonstrieren kann. Das kann sogar entscheidend sein, je nachdem, wen man im Auge hat.

AK: Da besteht ein Riesenunterschied zwischen einem urbanen Szenario, in dem man keine besondere Typologie oder Ausrüstung zur Kommunikation eigener Aktivitäten braucht, und Suburbia. Die Frage ist also, wie man eine geplante Gemeinschaft in einer suburbanen Situa-tion baut. Wie erreicht man eine stärkere Durchmischung, ein stärker öffentlich orientiertes Leben in einer suburbanen Gemeinschaft? Das sind in den letzten Jahren Riesenthemen in der Debatte gewesen. Und gelöst wurden diese Probleme vor allem durch postmoderne Kosmetik und die Einengung der Skala auf ein Klein-Amerika der Vorortsiedlungen, so wie es sich jetzt zunehmend in Großstädten wie Boston, New York und selbst Berlin breit macht. Wollen wir wirklich diesen Weg gehen und ein Gefühl für den Ort mit Hilfe postmoderner Kosmetik wiedererfinden? —— Architekten können jedoch immer noch eine Menge von kommerziellen Projekten lernen, zum Beispiel über die Notwendigkeit der Identifikation und die Notwendigkeit physischer und sinnlicher Erfahrungen. Die aktuellen Entwicklungen durch den Vorschlag einer Alternative konstruktiv zu kritisieren ist wirklich eine interessante Aufgabe. Obwohl es unter Architekten insgesamt viel Kritik am Status quo der Planung gibt, ist es nicht sehr vielen Projekten gelungen, Alternativen aufzuzeigen.

NL: Es gibt da noch ein interessantes Thema, an das ihr euch nicht so recht herangewagt habt, und das ist die Frage nach dem Entwurf selbst oder nach der Rolle der Ästhetik. Was ihr mit eurem Entwurf postuliert, ist eine Form, die Entfremdung, die ein Kennzeichen heutiger Existenz ist, durch einen Identifikationsmechanismus zu überwinden. Das muss nicht unbedingt durch eine nostalgische Bezugnahme auf die Vergangenheit passieren, man kann auch durch reines Design ein Heimatgefühl erzeugen. Deshalb ist der Hinweis auf die Ian-Schrager-Hotels interessant. Man geht dort rein und hat sofort das Gefühl, angekommen zu sein, man fühlt sich eins mit der Umgebung. Aber nicht, weil man eine alte Standuhr oder ein nostalgisches Möbelstück entdeckt. Dieses Prinzip lässt sich anwenden, um Parameter für den Entwurf festzulegen. Ein Ausdruck, den ich selbst gern für eine solche Herangehensweise an den Entwurf verwende, lautet «sinnliche Übereinstimmung». Das wird zu einem Konzept, das sich im gesamten Entwurfsprozess anwenden lässt. Vielleicht kann der Entwurf so gesehen werden, dass er eine wichtige soziale Dimension bei der Sicherung dieses Heimatgefühls hat.

WH: Aber genau darum geht es uns doch! Die Typologien, besonders Living+ und Working+, können ein solches Heimatgefühl vermitteln. Genau dieses Bedürfnis nach bekannten Umgebungen oder Beziehungen zu einer anderen Ästhetik, das heißt Umgebungen, schafft einen anderen Kontext. Das geht über den physischen Kontext der Wohngegend hinaus und spricht den mentalen Kontext an, den die Leute individuell haben, ihre Lebenspräferenzen. Architekten müssen sich heute dieser Forderung stellen.

NL: Ein anderes Thema, das Aufmerksamkeit verdient, ist, wie diese Frage der Beziehung, dieses Heimatgefühl, aus nichtarchitektonischen Bedingungen heraus, durch die räumlichen Praktiken selbst, entstehen könnte. Wenn man die Argumente von Judith Butler, Identität bedeute in unserer Zeit vor allem «Performativität», akzeptiert, dann geht es um eine bestimmte Art und Weise des Verhaltens und um die Schaffung einer affektiven, zitierbaren Identität durch dieses Verhalten. Man kann dieses Konzept auf die Wiederholung bestimmter Rituale in bestimmten Räumen hin erweitern, die dazu dient, ein Heimatgefühl zu entwickeln. Wie Ann-Marie Fortier in dem Buch «Performativity and Belonging» von Vikki Bell feststellt, kann man das bei verschiedenen Diasporagruppen in Aktion erleben: Hier werden oft bestimmte Areale durch besondere räumliche Rituale abgegrenzt, wodurch ein temporäres territorialisiertes Heimatgefühl geschaffen wird. Das ist ein außerarchitektonisches Anliegen, keine Frage des Designs.

WH: Die Frage ist, wie man diese verschiedenen Räume oder Optionen nutzt. Es gibt ein recht großes Potenzial für individuelle Leistungen oder individuelle Nutzungen solcher Räume. Das urbane System, das wir vorschlagen, ist eine Grundlage für die Entwicklung oder Weiterentwicklung der persönlichen Lebensführung. Hier besteht die extensive Möglichkeit, Rituale oder persönliche Routinen in den eigenen Tagesablauf zu integrieren.

RS: Man kann den Entwurfsvorschlag auch im größeren Zusammenhang der neuen «Serve City» und der Generierung von Wissen sehen. Wenn sich in den neuen Dienstleistungsökonomien ein relativer Vorteil aus gesellschaftlich geschaffenen Ressourcen ergibt und wenn wir wissen, dass das eine Frage von hoch entwickelten institutionellen Rahmenbedingungen ist, die den Austausch und die Kommunikation zwischen privaten, öffentlichen und vermittelnden Akteuren und Institutionen oder Agenturen ermöglichen, dann müssen wir das in Entwürfe für den städtischen Raum als Konzept mit einbringen. Diese Entwürfe sollten die Interaktion und das strategische Networking zwischen Individuen oder Unternehmen unterstützen oder sogar auslösen. Sowohl Unternehmen als auch Individuen haben angefangen, nach solchen flexiblen Produktionsmustern und -rhythmen zu arbeiten. Wie Wilfried bereits erwähnte, ist der flexible Kapitalismus durch die Tendenz gekennzeichnet, Arbeiter als Subunternehmer oder Selbständige auszugliedern und so den Arbeitsplatz in die Lebenswelt des (Wissens-)Arbeiters zu verlagern. Infolgedessen muss das Individuum neue Synchronisationen von Raum und Zeit herstellen. Wir sind der Meinung, dass Städtebau diese Forderung nach Synchronisation unterstützen kann.

NL: Allgemein muss ich sagen, dass mir dieser Vorschlag gut gefallen hat, trotzdem habe ich ein paar Einwände. Ich glaube, dass er vor allem drei große Schwächen aufweist. Mein erster Einwand betrifft die Extrapolation aus einem konkreten Szenario, dem Wissensarbeiter, umgeben von ICTs. Ich denke, man darf die Faktoren nie aus dem Auge verlieren, die ausgeschlossen werden, wenn man von einem konkreten Modell extrapolierend zu einem allgemeineren übergeht. Mein zweiter Einwand betrifft die Frage der «Kompensation» in diesem Prozess der aufgezeigten kulturellen Entwicklung. Wie ihr ganz richtig beobachtet, kommen zum Beispiel Rituale wieder ins Spiel. Ich frage mich nur, ob es hier nicht noch andere, ähnliche Vorgänge zu entdecken gibt. Mein dritter Einwand: Reflektiert dieses spezielle architektonische Szenario wirklich die Forderungen an einen sich neu herausbildenden Lebensstil, wie ihr ihn aufzeigt? Ich habe den Eindruck, hier ist ein wenig getrickst worden, indem die vorgeschlagene architektonische Konfiguration so dargestellt wurde, als ob sie auf die speziellen Anforderungen reagiert, die im ersten Teil der Untersuchung skizziert wurden. —— Was mir an dem Vorschlag wirklich gefallen hat, ist, dass er sich intellektuell mitten in einem sehr zeitgenössischen Kontext befindet. Viele, die sich wie Bill Mitchell mit digitalen Fragen befassen, kommen vom Modernismus her und verstehen aktuelle Ansätze eigentlich nicht richtig. Andere Autoren, zum Beispiel Douglas Rushkoff, scheinen sich in diesem neuen Denken völlig zu Hause zu fühlen. Man muss einen eher «rhizomatischen» Ansatz finden, der nicht durch das teleologische und essenzialisierende Denken der Moderne eingeengt ist und Themen wie zum Beispiel Branding und Networking umfasst.

AK: Das hat auch etwas mit der Untersuchung von Bedürfnissen zu tun: Welche Bedürfnisse ergeben sich aus einer solchen Situation? Wobei man dann den Sprung von der Sozialkritik zu einem architektonischen Vorschlag, zu einer positiven Entwurfsstrategie wagen muss. Interessant ist es, dieses Projekt als architektonisches Experiment zu sehen. Und das ist auch der Punkt, an dem Architekten sich einschüchtern lassen, denn Experimente, das liegt in der Natur der Sache, stehen im Widerspruch zu Ideologien. Es gibt überall immer viel Kritik. Für Architekten jedoch sind Frage und Antwort immer bejahend: Was machen wir nun damit? Wenn uns die Einkaufszentren da draußen nicht gefallen und auch nicht der nostalgische New Urbanism der Vororte, mit welchen eigenen Methoden bieten wir dann eine Alternative? Wie können wir diese Information zu einer Entwurfsstrategie machen? Solch ein positiver Ansatz ist viel interessanter als Sozialkritik, die jedes Experiment hemmt. Wir brauchen mehr Experimente, da es für Architekten immer wichtiger wird, Strategien zum Umgang mit dem Kraftfeld des Spätkapitalismus zu entwickeln; dieses Terrain ist im Großen und Ganzen noch unerforscht.

NL: Ein anspruchsvoller Aspekt eurer Untersuchung besteht darin, dass ihr etwas identifiziert, was ich als «Mutationswesen» bezeichnen würde. Damit meine ich ein chamäleonartiges Wesen, das sich ständig anpasst und neue Handlungsmöglichkeiten innerhalb neuer materieller Bedingungen findet. Was ich bei meinen Studenten derzeit bemerke, ist eine Generation von «Mutanten», die eine radikal andere Denkweise in Bezug auf die Welt hat. Das sind die «Kinder des Chaos», von denen Douglas Rushkoff spricht, eine Generation verrückter Fernsehzuschauer, die sich an Beavis und Butthead ergötzen. Es ist leicht, diese jungen Leute zu kritisieren, weil sie nicht richtig schreiben und rechnen und sich auch nicht konzentrieren können. Aber man sollte sich einmal ansehen, was sie können. Sie sind gut im Sampling. Sie beherrschen Multi-tasking. Sie können sich mehrere Filme gleichzeitig ansehen, und sie können Dinge, die für jemanden wie mich fast unsichtbar sind, weil sie anders mit Computern umzugehen verstehen. —— Diese Mutationswesen haben keine Angst vor der Technik. Sie haben sich an die neuen Bedingungen angepasst und arbeiten mit der Technik, wie es frühere Generationen nicht konnten. In einigen Jahren, wenn diese Mutanten zur dominierenden Gruppe in der Arbeitswelt werden, wird es eine radikale Veränderung geben. Ich glaube, dann steht uns ein größerer Kulturwandel bevor als 1968. Wir sehen doch schon jetzt in Architekturbüros, zum Beispiel den Foreign Office Architects, dass Leute über vierzig ausgemustert werden. Und wir erleben jetzt eine Generation von gerade mal Vierjährigen, die am Computer arbeiten. Wenn die 25, 30 oder 35 Jahre alt sind, haben wir eine völlig andere Gesellschaft. —— Ihr redet hier also über etwas, das sich erst herausbildet und noch nicht völlig fertig ist. Es gibt einige Theoretiker und Autoren, die solche sich herausbildenden neuen Erscheinungen sehr gut erkennen, die eine Art Radar für neue Ideen haben, und das ist eure Rolle hier. Als Forscher muss man vorausdenken, in der Zeitform der vollendeten Zukunft: Was wird aus der Welt geworden sein? Natürlich erlebt man es dann, dass einige Leute sich dem widersetzen und sagen: «Nein, nein, so darf es aber nicht sein.» Doch was ihr hier macht, ist eine Art Vorhersage, eine Szenario-Planung, die völlig stichhaltig ist.

ANMERKUNGEN

1. Das Gespräch fand im April 2003 in der Stiftung Bauhaus Dessau statt. Anna Klingmann arbeitet als Architektin und Architekturtheoretikerin in New York und Berlin; zurzeit hat sie eine Gastprofessur an der Cornell University inne. Im Mittelpunkt ihrer theoretischen und praktischen Arbeit steht die Schnittstelle von Marketing und Architektur. Ihre umfassende Forschungsarbeit zum «Branding» wird sie in Kürze in dem Buch «Beyond a New Architecture» veröffentlichen. Neil Leach, ebenfalls Architekt, lehrt Architekturtheorie bei der Architectural Association, London. Er hat neun Bücher veröffentlicht, wovon die beiden letzten dem Einfluss digitaler Technologien auf die Architekturproduktion gewidmet sind. Regina Sonnabend, Stadtplanerin, arbeitet als wissenschaftliche Mitarbeiterin an der Stiftung Bauhaus Dessau. Wilfried Hackenbroich, Architekt, ist freier Mitarbeiter der Stiftung Bauhaus Dessau. Gemeinsam mit Tim Edler waren sie 2001/2002 Advisor des Bauhaus Kollegs III «Serve City», das sich auf interdisziplinäre und experimentelle Weise mit den Veränderungen von Arbeiten und Wohnen durch die neuen Informations- und Kommunikationstechnologien beschäftigt hat. **2.** Information and Communication Technologies (Informations- und Kommunikationstechnologien). Im diesem Text wird das englische Akronym (ICT bzw. ICTs) verwendet.

A DISCUSSION

WITH ANNA KLINGMANN **AK**, NEIL LEACH **NL**,
WILFRIED HACKENBROICH **WH** AND REGINA SONNABEND **RS**[1]

NL: On the one hand in your project there are some generic observations on a new lifestyle that is emerging, which I found interesting and convincing. And on the other there are some more specific architectural proposals to cater for this lifestyle. I was less convinced by these because they seem to be more arbitrary. —— What I found interesting in a strange way was the almost paradoxical reference to «ritual». It is curious that somehow today this new nomadic creature has developed a sense of ritual because this is a concept that actually belongs to the old world and has seemingly very little in common with this ultra-modern type of person you are describing. And it made me think that possibly there has been a slight simplification going on in your evaluation which otherwise appeared very well informed and accurate. This was the simple directionality of the «arrow» in your diagrams illustrating certain developments of behaviour. —— I think that there are feedback loops, displacements, compensations, reciprocities and dialectical operations that need to be acknowledged. With the emergence of these new age «rituals» we seem to have a regularising corrective to an otherwise uncompromisingly deregularised model. But those two conditions of regularisation and deregularisation are locked into a mechanism of what Deleuze would call «reciprocal presupposition». The one will invite and presuppose the other, so that it is never a simple one-way process of one model giving way to its opposite. You find this as the local moves towards the global and back again, resulting in a form of «glocalisation». This is also evident in terms of the shift from standardization into individualization and back again. It is a dynamic that is always at play. This need for ritual, or for some kind of «grounding», some stabilization, is an inherent part of a process that at first sight appears to be simply one of destabilization. ——This raises the whole question of ICTs and the digital. It is often assumed that the development of digital technologies is leading to a world in which place is unimportant in that you can log in anywhere and work from just about anywhere these days. But precisely the opposite is the case. The possibilities afforded by digital technologies mean that actual choice of place becomes increasingly important. Likewise the more immaterial our world becomes, the more we have recourse to the world of the material. We are coming across the revenge of the physical, or what Bill Mitchell calls the «revenge of place». There is a kind of a complex balancing that seems to be emerging. —— And so, just as one finds in these contemporary processes of ritualisation a desire for compensation to an increasingly deregularised world, I wonder to what extent this would also apply to the model of possession or ownership that you propose. You seem to be championing a strategic appropriation of space through temporary rental of communal facilities rather than permanent individual ownership. In some senses this model of renting out communal spaces is itself a kind of privatised version of a socialist model of urban existence, which in many areas has been rejected in favour of individual ownership, where the ultimate goal is for everyone to have their own private swimming pool, private tennis court, private jet etc. —— But the question of «compensation» extends to the proposal as a whole. In the context of Sydney itself are you then offering something – a site, a section of the city – that has its own internal «compensation» for all these issues, or are you offering through your proposal an «antidote» to what is going on elsewhere in Sydney? Can this site be seen as a discrete entity that is separate from operations going on elsewhere, or is it locked into a complex mechanism of balances and compensations across the whole landscape of the city and beyond? This question of «antidote» or «compensation» would be worth developing.

WH: The project is situated between «antidote» or «compensation» and it is not separated from operations going on elsewhere. The proposal provides compensation to suburban short-comings and it builds an antidote to the suburban structure. It is an extension to the suburban constellations you have there right now, these typical conditions with the main street and the endless field of single-family houses with no or very little activity beyond living. Our proposal is a model which gives possibilities for urban activities without necessarily turning it into a mini-CBD, which would be a very limited solution. It is subversive in the way it works with the typologies of suburban constellation. It rearranges them so that they become something else, different to what they are in their iconographic or traditional understanding. —— Archi-tecture is arbitrary and the maximum we can achieve in the design process is to establish rela-tions. The developed typologies have a very specific relation to our research.   The Deleuz-ian «reciprocal presupposition» in reference to the changing conditions we described is interesting. I agree that the conclusions need to be read in a bi-directional way. But this reciprocal presupposition is more important to us for the actual urban proposal, which pin-points these relations and feedback loops within the urban context.

NL: The proposal offers a radical new vision of city life that is to some extent revolutionary and which «subverts» accepted norms. It is also highly dependent on ICTs. A lot of people had looked to ICTs as possibly a kind of subversive countermeasure to existing conditions and had held out the hope that it might have an emancipatory effect and make a positive contribution to our urban environments. In particular some had been hoping that it might lead to a greening of the environment (because it could reduce the need for vehicular transportation) and a re-urbanisation of our cities. — But what is in fact happening is that ICTs are simply offering an exacerbation of existing conditions. What we are seeing, for example, is the establishment of new ICT facilities, of servicing facilities or call centres which are often located outside the city at various transportational nodal hubs. Such facilities only contribute to an increase in trans-portational needs and are focusing attention away from the urban centres towards the periph-ery. I am not sure how subversive the impact of ICTs can be nor indeed whether in itself it has the capacity to counter existing tendencies.

WH: I meant subversiveness not in terms of ICTs. It is more a direct understanding of the project itself, in terms of rearranging these typologies, reorganizing outdoor spaces and enabling activities. ICT is only an additional tool. We don't mean that ICT by itself will be a solution or would necessarily have the potential to be subversive. The interest for me is always: how can architecture or urban planning be developed in reaction to this pheno-menon of the knowledge worker or the existence of these networks? I am actually not surprised that ICT doesn't change people's behaviours. Technological inventions always exaggerated the behaviours, the good and the bad ones.

NL: We are talking about the capacity to bring about change through planning. This is a kind of urban choreography that is not dissimilar to the work of developers. I mean, what developers have to do is to operate as scenario planners, imagining possibilities. But then you have to account for the actual desire to buy into that sort of system. «You can take a horse to water, but you can't make it drink.» All development is based on the principle of potential desire. I would therefore be just a bit hesitant about some of the scenarios that have been envisaged.

RS: Indeed this project is a proposal to re-read and to re-interpret existing urban typologies. It aims to create new mixes and conditions which offer possibilities and options that fit better into contemporary urban practices and demands. We are not addressing just this service elite which we have identified here as the «knowledge worker». We were interested in this new character in terms of a role model or pioneer of new lifestyles, or to be more precise, a new model of «the conduct of everyday life». This conduct of everyday life is nowadays much more individualized in the sense that a person continuously has to organize daily activities of working and living. As Ulrich Beck says: «individualization has become the condition of the social in post-modern life». We tried to understand the knowledge worker as a social actor who is representing this condition in a very advanced way, but at the same time pioneering a lifestyle (may be less as a choice but as a necessity) that is going to become relevant for a much broader range of the working population. If you look to the situation of production workers in modern car manufacturing, like in Wolfsburg, where VW has implemented flexible production, which first of all means flexible working hours for the employees and production workers: here the worker works just in time according to the demands of the company, which is the demand of the market. Even this «traditional worker» doesn't work any longer in «traditional» time routines. He or she is forced to rearrange his/her life patterns according to the flexible production of the globalised company. This is the point where the working and life patterns of the service elite and the production worker start to converge.

NL: That can be a key issue for this lifestyle that you suggest. It is interesting what you say about individualization. It actually goes hand in hand with the opposite, standardisation. With a lot of a branding you buy into a certain formula. You are a «Virgin» person. You fly across the Atlantic with Virgin, buy your condoms from Virgin, buy records from Virgin, and so on. Or you may be a Starbucks person and seek out Starbucks cafes wherever you are in the world. So it is always a tension between individualization and standardisation. — This model which you are putting forward is both generic and individualized. That comes back to the early question as to whether this is just a model for Sydney or New Rozelle or whether this is more a generic model that one could apply to another context. There is a tension going on between the pretty much universalised creature you describe and the proposal, which could be read as a specific study for a specific group of people in Sydney; it is a tension within the project itself.

AK: I like the fact that this model is both specific in its application to Sydney but that it also operates as a generic model in its attempt to develop an alternative to current planning practices – speculating about a feasible evolvement of programmatically and formally articulated architectural types caught between the tensions of delocalised information and the desire of physical experience. There you have a response to what you call the «revenge of place». An alternative to the reconstruction of nostalgia, to the reactionary models of suburban planning that are very much en vogue in the United States or elsewhere. In this regard, the project addresses a very pertinent question. How can we develop alternative planning models to the current predicament of New Urbanism celebrated by the real-estate industry as the «avant-garde of American Planners?» If we don't want to go along with that model and with traditional modes of suburbia we need to envision a new model that takes contemporary lifestyles into account. That's precisely where the strength of the project lies. It actually makes that step. Of course its architectural resolve is to some degree arbitrary, but then architecture is always about arbitrariness, about speculation, about risk. In that sense, the project succeeds to provide a model of suburban living that is no longer limited to, or bound by, nostalgic notions of what family life ought to look like. It also speculates about new models of diversified live / work relationships in terms of program and articulation, envisions a community life that combines merging platforms of public and private life on different time-scales, thus allowing the same kind of overlap that is currently only possible by the internet but not in the physical realm.

NL: I wonder whether this focus on ICT is really necessary. Is not just lifestyle the big question you are dealing with, and not necessarily technological questions such as ICT? Of course this new lifestyle is facilitated by new communications technologies, but there are many other factors as well.

RS: Yes, but ICTs are one of the most crucial components which have facilitated this global organization of production in the last decades; they also facilitate the individual synchronisation of desynchronised working and living patterns, as our small qualitative research has explored. This is where we got interested in the intersections of a certain lifestyle and related uses of ICTs.

WH: Over the course of a year in the Bauhaus Kolleg III «Serve City» there have been many aspects studied in relation to ICT. I think the difficulty was to filter out or to find the right level of communicating an essence. At some point the observations have been reduced, that is very clear, or they are condensed to what is manageable for a planning process. We live in an environment with all these networks, all these services and all this access. But actually it was not shaped for these things, even if it works. The old factories are converted and the computers work there as well. On the other hand there is still this question: isn't there a possibility to adapt to this condition in a better way?

NL: In terms of ICT, I agree that it has been the single most important development, but it never operates in isolation. There are other factors to do with the social and the political that are also important. And so for me the concept of lifestyle – which offers a far more comprehensive set of concerns – is the more convincing way of addressing this and focusing on these concerns in a more holistic fashion. It feeds into certain sets of parameters, such as the psychological aspects of how one deals with the kind of new world mobility precisely by falling back on old fashioned notions like rituals.

AK: You refer to the question of location and how to use the digital devices to reinstate a new frame of localization and neighbourhood. That's pretty interesting because it is useless to meet somebody in cyber space across the ocean. Therefore, I find it very intriguing that all of a sudden this digital device can be used to constitute a new neighbourhood, which allows people to tap into the physical realm.

NL: I was nervous when I heard a lecture by Saskia Sassen where she was talking about the «portals» where these two worlds might connect. I think it is not at all simple. It is not a question of one physical place within the material world becoming a «portal» to an immaterial one. Rather new hybrid forms of spatial practices are being devised that rely on a complex interaction between the two domains, an interaction that cannot necessarily be reduced to fixed «portals». —— In my own work I have developed a notion of what I call «hotmail culture», where you can go anywhere in the world and log into a particular form of existence. This is what I mean by lifestyle – a mobile set of parameters with which one can connect and identify. In architectural terms I have analysed what I call various «aesthetic cocoons» which provide the new urban nomad of today with forms of sanctuary from the highly deterritorialised nature of contemporary existence. You can go all around the world and still find an Ian Schrager hotel. It doesn't matter where your Ian Schrager hotel is – Miami, New York, London or LA. But somehow you find a home there, it's like a placeless place. That is what is interesting about this new lifestyle and the multiple identities that it spawns. They are not fixed to any building. They become mobile indices into which you log in or log out.

AK: Yes, but what about the implications of suburbia? That's a sort of counterculture to the urban nomad you describe. That's the place where people «re-root» themselves in a kind of iconographic home if you will. If you look at housing in America, it is very much defined by the suburban lifestyle. And suburbia is very much about the separation and isolation of private and public life. So in a way, it becomes an interesting challenge of how one might bring the two together again. Planning from now on will be driven by precisely these sort of semi-public and semi-private programs where you might rent your own pool for a party, which is a very different notion from visiting a public pool facility. But also different from the private pool that you have to maintain and that you have to live with on a constant basis. So this is a very interesting concept: to develop spaces of selective publicness.

WH: I want to mention another aspect regarding the planning and balancing between the planner's point of view and the users' point of view. We provide urban design strategies as an open system with crucial rules and options. This sort of system overcomes the need for architectural determination and justification because the architecture is an option, which works in a network of relation and decisions, involving the planners and the users. That is already a big difference in the planning approach. The actual result is a similar network of options for individual spatial practices and lifestyles. The urban form allows function, it is not generated by function. We have integrated the possibilities of ICT and we go beyond the simple idea of portals or interfaces. By relating this communication to space we suggest a multi-layered connection to this communication with spatial feedbacks. —— This proposal couldn't really work for people who have a big house in the hills, with a pool and a private access to the water; this is really not the group of people being addressed here. The ones who can afford this entire setting, why should they share a pool if they can easily afford their own pool? But there is this specific, broad group of people, which have medium income and could participate in a «higher» lifestyle. Another group are people being temporarily in the city, if you are in Sydney for six months you can adapt to that lifestyle without high cost. I think this urban setting is quite flexible and not reduced to one lifestyle.

NL: Although there are openings somewhere within this system, which make it reasonably adaptive, it is being tailored too much for a particular person who is an urban creature, who is probably single or certainly hasn't many social responsibilities. This kind of person is not representative of a full cross-section of the population.

RS: The scenarios visualize and address very different social situations within this new quarter ranging from an unemployed single, who wants to start a small business, to a lawyer and single parent, who has to integrate child care into his daily schedule. What we propose here is an alternative concept to the common notion that individualization and the new ICTs necessarily have to atomise and isolate people. I see a proposal that would allow urbanistic frames for a certain re-embedding of individuals into an urban system. It tries to mobilise «collective resources» in terms of infrastructure, of institutions, of procedures. I would even state that we are addressing the question of implementing new infrastructural standards, which are meant to serve different lifestyles. Paradoxically this operates via personalised and privatised resources. We show how ICT as a new infrastructural condition can be applied to improve urban coherence, as a tool for supporting practices of connectivity amongst individuals and between individuals and the urban environment.

AK: It certainly proposes a new social culture, which is currently lacking in suburbia. Everybody suffers from the consequences of suburban planning – from isolation and modernization. In this regard, you succeeded in creating an interesting hybrid proposing an urbanistic framework that is simultaneously defined by flexibility and specificity. We all want flexibility but also need individualized, customized, and specified situations and it becomes an interesting challenge of how one might synthesize all of these parameters into a planning process, on the one hand, but also into the physical structure of architecture and create a dynamic field that is defined by both needs. It is interesting how you readdress that in the making of architecture and provide a framework, which constructively criticizes what is out there, the controlled Disney worlds of today, which turn residents into consumers. In a community like the one you propose consumers become producers and their activities are exposed to the public; activities like work or social engagement, which in recent years have become entirely invisible and privatised. Of course one can work at home online making one's home an office situation. But it doesn't provide a social situation since one's work is not perceivable by others. For a very long time we were driven by the notion that we no longer need to be visible using the Internet as our «window to the world». The consequence, of course, is that our work life has become so privatised that it becomes ever more crucial to reintroduce a kind of physical public space for the work that we do, a neighbourhood space, if you will, where people see what we do. Obviously a lot of people don't need an entire office environment anymore but they do need a social work environment and it is important that this is expressed in a typology. It is not the same to be working out of one's house or a loft that brings me into contact with other people. So therefore it is important to create a public interface by means of an architectural type.

NL: I accept that argument. Although what I find the most unconvincing aspect of the proposal is the way in which it was translated into an architectural form. What you are presenting is, to my mind, a very interesting new social culture – a new typology of existence, so to speak – but the relationship to the physical structures proposed appears to be somewhat tenuous. Personally I live in an old architectural typology, a Victorian terraced house built in 1870, but I have my computer there and through e-mails can be in contact with the rest of the world, even though I have never met my next-door neighbour. My «community» is one that I contact by e-mail all over the world, America or Australia or Hong Kong. In some respects I am a good example of the urban nomad that you try to define, but this lifestyle does not necessarily have to be expressed in physical forms.

WH: But you can relate these lifestyles in a physical form, products have done that for years! Yet the translation into architectural form is less interesting here, because the architecture is employed to serve the urban concept and this new social culture. It is not a means in itself. It is reciprocal and depends on the actual desires. That liberates the planner of predefinition. Actually there are some speculations on the architectural level, especially with the typologies, which are predetermined like the outdoor spaces and the Urban Generator: these typologies are field structures, immersed into the urban surface, but they don't develop a dominant role. The object typologies like the living+ and the working+ are part of the co-design process and therefore more an outline. —— Another thing is that knowledge workers or people who work from home are not anymore in a company structure, which means in a social or service structure. That is a new duty for the urban structure to compensate for this loss of company structure. Imagine that the people who use this living+ unit are not only people who work in a self-contained environment. They provide a service, for example. And it is not only the knowledge worker who works on a computer. There are also service providers or people who have a cafe or shop. And there is a certain exposure that is necessary to get into business communication. As soon as you go into a five-people architectural or graphic design office and you are meeting your clients, you have the need to expose your business, have it representative. There is an additional value in getting this exposure in different settings. It might be essential, depending on whom you have in mind.

AK: There is a huge difference between an urban scenario, where you don't need a particular typology or equipment to communicate your activities, and suburbia. So the question is how to build a planned community in a suburban situation? How can one achieve a more mixed community, a more public life in a suburban community? Those have been tremendous issues of debate for the last few years. And they were mostly solved with post-modern cosmetics and by narrowing the scale into little main street-USA, which now increasingly also infiltrates the big cities like Boston, New York and even Berlin. Do we really want to go that route and reinstall a sense of place with post-modern cosmetics? —— However, architects can still learn a lot from commercial developments such as the need for identification, and the need for physical and sensual experiences. It is definitely an interesting challenge of how one might formulate a constructive critique by proposing an alternative to the reality of these developments. On the whole, while there has been a lot of criticism in the architectural community about the status quo of planning, not many projects have succeeded to propose alternatives.

NL: There is an interesting issue which you don't really get into, and that is the question of design itself or the role of the aesthetics. What you are positing through your design is a way of overcoming the alienation that tends to characterise contemporary existence through some mechanism of identification. This doesn't necessarily have to rely on nostalgic references to the past, but can provide a sense of belonging that comes through sheer design. That is why the model of the Ian Schrager hotel is interesting. You go into these places and feel an immediate sense of belonging, a sense of being one with the environment. But this is not because you can see a familiar grandfather clock, or some nostalgic piece of furniture there. This principle can be used to establish a set of parameters for design. A term that I like to use myself for this kind of approach to design is «sensuous correspondence». It becomes a concept that can be deployed throughout the design process. Maybe design could therefore be seen as having an important social dimension in catering for this sense of «belonging».

WL: But that is exactly what we are after! The typologies, especially the living+ and the working+, are able to provide this belonging. It is exactly this need for familiar environments or connections to a different aesthetic, i.e. environments, that creates a different context. It goes beyond the physical context of the neighbourhood and addresses the context people have in mind, their living preferences. Architects have to deal with this demand today.

NL: Another issue which could be addressed is how this question of connection – this sense of belonging – could emerge from non-architectural conditions, through spatial practices themselves. If you accept the arguments by Judith Butler – identity today is all about «performativity» – it is about behaving in a certain way and producing an effective, citational identity through that behaviour. You can extend this concept to the repetition of particular rituals in particular spaces, which serve to forge a sense of belonging. As Ann-Marie Fortier has observed in Vikki Bell's book «Performativity and Belonging» you can see this in operation with various diaspora groups, who will often demarcate certain areas through particular spatialised rituals and thereby achieve a temporary territorialised sense of belonging. This is an extra-architectural concern. It is not a question of design.

WL: The question is how everyone will use these various spaces or options. There is quite a high potential for individual performances or individual uses of these spaces. The proposed urban system is a base to develop or continue a personal conduct of life. Here one has an extensive way to integrate rituals or personal routines within the course of a day.

RS: This design proposal could also be seen within a wider perspective of the new «Serve City» and the way knowledge is generated. If in the new service economies the comparative advantage grows from socially created resources and if we know that this is a question of highly developed institutional frameworks creating exchange and communication between private, public and intermediate actors and agencies, then we have to conceptualise this in designs for the urban space. These designs should support or trigger interaction and strategic networking of individuals or firms. Both firms and individuals have started to operate in these flexible production pattern and work rhythms. As Wil already mentioned, flexible capitalism tends to outsource the worker as subcontractor or self-entrepreneur and thus the workspace into the living environment of the (knowledge) worker. This creates demands for new synchronisations of time and space, which have to be performed by the individuals. We think that urban design can support this new demand for synchronisation.

NL: As a general comment, I liked this proposal a lot, but I have a few reservations. I think that maybe there are three main weaknesses. My first concern is over the extrapolation you are making from a specific scenario, the knowledge worker within an environment of ICTs. I think one has to be continually alert to the factors that are being excluded as one extrapolates from a specific model to a more generic one. —— My second concern is about the question of «compensation» in this process of cultural development that you outline. So, for example, ritual comes back in again, as you rightly observe. But I just wonder whether there are other similar operations that could be detected. My third concern is whether this particular architectural scenario fully addresses the requirements of the new emerging lifestyle that you sketch out. I feel that there has been a sleight of hand, whereby the proposed architectural configuration has been presented as though it responds to the specific requirements outlined in the first part of the study. —— One thing I really did like about this proposal, however, is that it is situated intellectually within a very contemporary context. A lot of people who deal with digital questions like Bill Mitchell tend to come from a very modernist framework and don't really understand the contemporary mindset. But other writers, such as Douglas Rushkoff, seem perfectly attuned to this new way of thinking. One needs to take a more «rhizomatic» approach that is not constrained by the teleological and essentialising thinking of the modernist era, and embrace issues such as branding, networking and so on.

AK: It also deals with the investigation of needs – what needs emerge from this situation? – and then making the leap from social criticism to an architectural proposal, into an affirmative design strategy. It is interesting to see this project as an architectural experiment. And this is the point where architects get intimidated, because experiment by nature traverses ideology. There is always a lot of criticism out there. But for architects the question and answer is always an affirmative one: what are we going to do about it? If we don't like the shopping malls out there, if it is not the nostalgic new urbanism of the suburbs, then what are our methods to provide an alternative? How can we take this information, and convert it into a design strategy? That affirmative approach is more interesting than social criticism that inhibits any kind of experiment. We need more experiments, as for architects it becomes ever more crucial to develop strategies on how we can deal with the force field of late capitalism, this is a terrain that still is largely unexplored.

NL: One of the challenging aspects of this research is that you are identifying what I would call a «mutant» creature. This is an adaptive, chameleon-like creature that is continually assimilating and finding new ways of operating within new material conditions. What I see in terms of my students right now is that we have a generation of «mutants» coming through who have a radically different way of thinking about the world. These are the «children of chaos», that Douglas Rushkoff speaks about, a «Beavis and Butthead» generation of distracted television viewers. It is easy enough to criticise these kids because they can't spell, they can't add up, and they can't concentrate. But actually you should look at what they can do. They can sample. They can multi-task. They can watch several movies at the same time, and they can do things that are almost invisible to someone like myself, who cannot work with computers in the same way as they can. —— These mutant creatures are not terrified by technology. They have adapted to new conditions and are working through technology in a way that earlier genera-tions couldn't. In a few years time there is going to be a radical shift as these mutants become the dominant group in the workforce. I think that we are going through a bigger cultural shift than in 1968. Already we can see how in architectural offices, such as Foreign Office Archi-tects, people over 40 are becoming obsolete. We are now seeing a generation of four-year-old kids who are working with computers. By the time they are 25/30/35 we are talking about a completely different society. —— Therefore, what you are speaking about is something that is emergent and not fully formed. There are some theorists and writers who are very successful at detecting these emerging phenomena and who have a kind of radar for new ideas, and this is the role that you are playing. So essentially, as a researcher, you have to think forward in the future perfect tense: what will the world have become? Of course, you will get resistance from certain people who say, «No, no, that is not what it should be». But what you are doing is a kind of prediction in a way – scenario planning – and one that is entirely valid.

NOTES

1. The discussion took place in April 2003 at the Bauhaus Dessau Foundation. Anna Klingmann, an archi-tect and theorist working in New York and Berlin, is currently a visiting professor at Cornell University. Her theoretical and practical work focuses on the interface between marketing and architecture. Her research on branding will be published in her forthcoming publication «Beyond a New Architecture». Neil Leach, who is also an architect, teaches architectural theory at the Architectural Association, London. He has published nine books, the last two of which have been devoted to the influence of digital tech-nologies on architectural production. Regina Sonnabend, a town planner, is a research assistant at the Bauhaus Dessau Foundation. Wilfried Hackenbroich, an architect, works as a freelance for the Bauhaus Dessau Foundation. Together with Tim Edler, Regina Sonnabend and Wilfried Hackenbroich acted as advisors for the Bauhaus Kolleg III «Serve City» in 2001/2002, which conducted an interdisciplinary and experimental investigation into the changes in working and living habits brought about by the new infor-mation and communication technologies.

STADT DER ENTGRENZTEN RE-PRODUKTION
REGINA SONNABEND

FLEXIBILISIERUNG VON ZEIT UND RAUM

Das Scheitern der Verhandlungen über Arbeitszeitverkürzungen und die Einführung der 35-Stunden-Woche in der ostdeutschen Metallindustrie im Sommer 2003 ruft die Erinnerung an eine andere Runde von Arbeitszeitverhandlungen wach, die fast zehn Jahre zuvor im Konsens der Tarifpartner zu einem spektakulären Modell der Arbeitszeitverkürzung und -flexibilisierung führte. Als die Volkswagen AG 1994 an ihren bundesdeutschen Produktionsstandorten im Rahmen eines betrieblichen Tarifvertrages die 28,8-Stunden-, das heißt nominell die 4-Tage-Woche einführte, wurde der Konzern zu einem Labor für Arbeitszeitflexibilisierung. Ziel war die Umsetzung eines neuen Unternehmenskonzeptes, bei dem die Produktion sich an die «Bewegungen des (globalisierten) Marktes» anpassen sollte: das «atmende Unternehmen». Der Tarifvertrag ermöglichte die formale Arbeitszeitverkürzung auf 28,8 Stunden sowie ihre flexible Rücknahme. Gleichzeitig wurde die Flexibilisierung der Arbeitszeit in weit über hundert verschiedenen Arbeitszeitmodellen vereinbart. Dies gestattete es dem Unternehmen, den Anfall von Arbeit in einer «Flexibilitätskaskade» zu regulieren, die nach Bedarf die Erweiterung von täglicher und wöchentlicher Arbeitszeit erlaubt.[1] Eine arbeitspolitische Innovation, die beispiellos war für die bundesrepublikanische Unternehmenslandschaft und Sozialpartnerschaft und als Strategie zum Umbau des Sozialstaates auch international Beachtung fand: «... the right track to reduce joblessness and boost competitiveness without undermining the foundations of the welfare state.»[2] —— Die Flexibilisierung der Arbeitszeit bei VW war das Ergebnis einer umfassenden Restrukturierung von Produktionsabläufen und der Einführung neuer Modelle betrieblicher Arbeitsorganisation. Im Sinne des «atmenden Unternehmens» spiegelten die neuen Arbeitszeitmodelle die ökonomische Transformation hin zur Globalisierung von Märkten und Produktionen, die eine Anpassung der betrieblichen Kosten-, Qualitäts- und Personalstrategien erforderte. Veränderte Konsummuster und ausdifferenzierte Lebensstile hatten eine entsprechend differenzierte Produktpolitik mit breiteren Modellpaletten, häufigeren Modellwechseln und vielfältigeren Ausstattungen zur Folge.[3] —— Mit der Arbeitszeitflexibilisierung bei VW wurde die Koordination von Erwerbsarbeit, Familienarbeit und Privatleben zu einer noch anspruchsvolleren und zeitintensiveren Aufgabe, als sie es unter den Bedingungen des Schichtbetriebes bereits gewesen war. —— Worin verschwindet nun die rein rechnerisch frei werdende Zeit einer verkürzten Arbeitswoche? In längeren Aushandlungszeiten, die mit der Zunahme von Optionen und auch infolge veränderter Geschlechterrollen in den Familien und Partnerschaften investiert werden müssen. Zeitsparende Alltagsroutinen müssen neu entwickelt werden. Die Leistungsverdichtung am Arbeitsplatz durch neue Formen der Arbeitsorganisation (zum Beispiel Gruppen- und Teamarbeit) und verkürzte Arbeitszeiten erfordert intensivere Regenerationszeiten nach der Arbeit. Freizeit kann auch als «tote Zeit» auftreten, wenn sie so fragmentiert ist, dass sie sinnvoll nicht mehr geplant und genutzt werden kann.[4] —— Die neuartige Zeitorganisation macht sich in der Volkswagen-Stadt Wolfsburg auch räumlich und infrastrukturell bemerkbar: Nebenfolgen, die so nicht im Kalkül der Zeit-Flexibilisierer lagen. In den Verkehrsnetzen entstehen plötzlich Reserven, Staus werden seltener, was den

Individualverkehr noch attraktiver macht. Währenddessen geht der öffentliche Nahverkehr drastisch zurück. Er ist auf die hoch flexiblen, individuellen Arbeitszeiten der Kunden schwer einzurichten. Die Arbeitszeitorganisation des Stammwerkes in Wolfsburg überträgt sich aber auch auf die über tausend regionalen und internationalen Zulieferbetriebe. So arbeitet Volkswagen im wissensintensiven Entwicklungsbereich rund um die Uhr an drei Standorten in drei Zeitzonen, um die kostenintensiven Entwicklungszeiten auf ein Drittel zu reduzieren und mit neuen Modellen früher am Markt sein zu können als die Konkurrenz. Das Unternehmen wird damit als «dominanter Netzknoten» zum «Taktgeber» nicht nur des Raumes und der Zeiten von Menschen in Wolfsburg, sondern auch an den Standorten des weltweiten Zuliefernetzes.[5]

PRODUKTIVE KOMMUNIKATION

Die informations- und wissensbasierte Ökonomie des neuen Jahrhunderts schafft die industrielle Produktion nicht ab. So wie die Industrie im 20. Jahrhundert die Landwirtschaft nicht ersetzte, sondern industrialisierte, wird die industrielle Fertigung durch die neuen Informations- und Kommunikationstechnologien (ICTs)[6] informatisiert. Dies führt zur Erweiterung und Entgrenzung von Produktionsstrukturen, und zwar sowohl sektoral als auch räumlich und zeitlich. Einerseits verwischen die Grenzen zwischen Fertigung und Dienstleistung, weil Industrieprodukte jetzt einen hohen Anteil von Dienstleistungsarbeit aus den Bereichen Entwicklung, Finanz- und Rechtsberatung, Design und Marketing enthalten. Gleichzeitig ermöglicht die Informatisierung die arbeitsteilige Produktion in weltweit organisierten Netzwerken, die nicht nur den Produktionsraum entgrenzen, sondern auch die Organisation der Arbeitszeit. «Das Neue an der neuen Informationsinfrastruktur ist die Tatsache, dass sie in die neuen Produktionsprozesse eingelassen und ihnen vollständig immanent ist.»[7] Die Informationsinfrastruktur in Form der neuen ICTs ist Medium und Werkzeug der «schnelleren Innovation», die den entscheidenden Marktvorsprung von Unternehmen erzeugt, welche nach dem Prinzip der «flexiblen Spezialisierung» – der differenzierten, lebensstilorientierten Produktpolitiken – auf dem weltweiten Markt konkurrieren. Schnellere Innovation führt dazu, dass proportional immer mehr Zeit für die Entwicklung neuer Produkte aufgewendet werden muss. Damit weitet sich der wissensintensive Entwicklungsprozess innerhalb der Produktion aus, und der materielle Arbeitsprozess wird eingeschränkt.[8] —— Die postfordistische Produktionsplanung kommuniziert «beständig und unmittelbar» mit den Märkten: «... die Produktionsentscheidung soll hier, zumindest der Theorie nach, auf die Marktentscheidung folgen, auf sie tatsächlich erst reagieren.»[9] Das Gelingen der Kommunikation zwischen Produktion und Märkten entscheidet demnach über den Erfolg. Im Bereich der Dienstleistungsarbeit ist dieses Modell der «produktiven Kommunikation» am weitesten entwickelt. Insbesondere die unternehmensorientierten Dienstleistungen, zu denen die Bereiche Recht, Finanzen und Buchhaltung, aber auch Forschungs- und Entwicklungsarbeit sowie Marketing und Design gehören, basieren auf dem ständigen Austausch und der andauernden Bewertung von Informationen und Wissen.[10]

REFLEXIVE MODERNISIERUNG

Ulrich Beck legt in seiner Theorie der reflexiven Modernisierung dar, dass im Laufe des 20. Jahrhunderts die Moderne an ihre nicht erwarteten Grenzen, genauer: auf ihre nicht intendierten oder nicht reflektierten «Nebenfolgen» stößt, zu denen er Risiken, Gefahren, Individualisierung und Globalisierung zählt. In diesen Entwicklungen, so Beck, «summiert sich der

Strukturbruch, der die industrielle von anderen Modernen trennt».[11] Diese selbst erzeugten Nebenfolgen, quasi «eigendynamische Veränderungen industriegesellschaftlicher Modernisierung», stellten die Grundlagen industriegesellschaftlicher Entwicklung in Frage. Ab den siebziger Jahren des 20. Jahrhunderts beginne die Moderne «reflexiv» zu werden.[12] —— Der Prozess der «reflexiven Modernisierung» entlässt die Akteure aus Strukturen und enthebt sie normativer Erwartungen, die mit den Institutionen der einfachen, industriegesellschaftlichen Moderne in der Wirtschaft, der Politik und der persönlichen Lebenswelt der Menschen verknüpft waren. Damit ist einerseits eine Befreiung aus starren Normen und Regelungen verbunden. Gleichzeitig jedoch gehen traditionelle Verhaltensrahmen verloren. Der Einzelne ist nun vor die Aufgabe gestellt, selbstgeleitet Handlungsstrukturen, Kontrollmechanismen, ja die eigene Identität im Kontext der persönlichen Lebensführung zu rekonstruieren: Mit der Freisetzung aus den Strukturen der einfachen Moderne wird die Lebensweise der Menschen individualisiert und gleichzeitig reflexiv. Und zwar sowohl im Sinne des nicht-gewussten, «automatischen» Reflexes (für Beck: Reflexivität) als auch im Sinne des von Anthony Giddens und Scott Lash benutzten Begriffs der Reflexivität als bewusster Reflexion, also des Wissens über Grundlagen, Folgen und Probleme der Modernisierungsprozesse, das Individuen wie auch Organisationen entwickeln, um sich auf veränderte gesellschaftliche Bedingungen und damit entstehende Anforderungen einstellen zu können.[13] —— Giddens hebt die gewandelten Vertrauensmechanismen und die Bedeutung «aktiven Vertrauens» hervor. «Aktives Vertrauen stellt sich nur mit erheblichem Aufwand ein und muss wach gehalten werden. Auf ihm beruhen heute die neuen Formen des gesellschaftlichen Zusammenhalts, seien es intime Bindungen oder globale Interaktionssysteme ... Vertrauen muss erworben werden und sich bewähren, was in der Regel voraussetzt, dass man sich mit dem anderen austauscht und ihm gegenüber aufgeschlossen ist ... (Diese) ‹Öffnung› gegenüber dem anderen (ist) Voraussetzung für die Entwicklung einer stabilen Beziehung.»[14] Auch Organisationen stellen solche «Öffnungen» her, indem sie Mitarbeitern gesteigerte Autonomie und persönliche Verantwortung gewähren und Entscheidungsverfahren etablieren, die weniger hierarchisch und stärker horizontal integrierend sind. Die neuen Informations- und Kommunikationsmedien unterstützen solche horizontalen Kommunikationsstrukturen in den Unternehmen zwar. Die technologische Innovation ist nach Giddens aber nicht ursächlich für den Wandel der Organisationsstrukturen in Unternehmen. Er interpretiert die neuen Muster der Organisationsentwicklung als ein Beispiel für die Ausbreitung «institutionalisierter Reflexivität». Sie ist für ihn das entscheidende Merkmal der gesellschaftlichen Modernisierung im, wie er sagt, späten Kapitalismus und kennzeichnet alle Bereiche des gesellschaftlichen Lebens: Wirtschaft, Politik und die persönlichen Beziehungen.[15] —— Nach Giddens liegt Entscheidungen vor allem Expertenwissen zugrunde. Dieses Wissen ist spezifisch und nicht nur «in den eigenen Reihen umstritten» – es wird auch immer wieder durch andere Wissensformen, etwa das «lokale Wissen der Laien», in Frage gestellt.[16] In dem Maße, in dem strittiges Wissen und Nicht-Wissen sowie Kommunikation in Netzwerkstrukturen außerhalb der Unternehmen für die Entscheidungen von Individuen und Organisationen wesentlich werden, wächst jedoch die Bedeutung der Beziehungsarbeit, die bei der Herstellung von aktivem Vertrauen geleistet werden muss. In entscheidenden Momenten bedarf es dazu häufig der Face-to-face-Kommunikation im physischen Raum.

DIE INDIVIDUALISIERUNG DER ARBEIT

«Das so genannte Normalarbeitsverhältnis von qualifikationsadäquater, lebenslanger und vollzeitiger Beschäftigung ist mehr und mehr zu einer Fiktion geworden», stellt der Soziologe Heinz Bude fest. «In einer Längsschnittbetrachtung gilt dieses Modell (heute) noch für ein gutes Drittel der Erwerbstätigen.» Quer durch die gesellschaftlichen Klassen und Schichten, so Bude, wird hier befristet, in Teilzeit und mit länger unterbrochenen Berufskarrieren gearbeitet. «Die Leute experimentieren mit neuen Einkommensmischungen aus informeller Eigenarbeit, abhängiger Erwerbsarbeit und auch der autonomen Familien- und Hausarbeit. Was die einen aus Not machen, stellt für die anderen eine bewusste Wahl dar.»[17] —— Eine Flexibilisierung von Arbeits- und Beschäftigungsverhältnissen, wie sie VW in den 1990er Jahren buchstäblich «ins Werk setzte», führt zur Reduktion oder Auflösung gewohnter Strukturierungen: Die Beschäftigten in Produktion und Verwaltung entwickeln nun in unterschiedlichen Formen und Ausmaßen selbständig ihre Arbeitsstrukturen. Anforderungen an eine verstärkte «Selbstorganisation» der Arbeit prägen immer mehr Arbeitsverhältnisse und Arbeitskräftegruppen, nicht nur hoch qualifizierte Führungs- und Expertenfunktionen.[18] Michael Wiedemeyer diskutiert diese Phänomene unter dem Stichwort einer «Bohemisierung der Arbeitswelt».[19] —— Karin Jurczyk und Günter Voß heben hervor, dass die neuen betrieblichen Organisationsmodelle einer «systematisch modifizierten Grundlogik der betrieblichen Steuerung und Nutzung von Arbeitskraft» unterliegen. Diese unterscheide sich deutlich von den bisher maßgeblichen «tayloristischen Vorbildern», weil das «fundamentale Geschäft der ‹Transformation› von latenter Arbeitskraft in manifeste Arbeitsleistung durch betriebliche Kontrolle ... den Arbeitenden selbst zugewiesen (wird)». Damit geht eine umfassendere Nutzung der Arbeitskraft einher, die auch tief liegende Schichten der Persönlichkeit und Potenziale wie Innovationsfähigkeit, Kreativität, Enthusiasmus und kommunikative Kompetenzen aufschließt.[20] —— Voß/Jurczyk sprechen von einem neuen Arbeitskrafttypus, einen «Unternehmer der eigenen Arbeitskraft», der historisch unterschiedliche Vorbilder hat: Freiberufler, Künstler und Kleinstselbständige, Tagelöhner, Wanderarbeiter, Beschäftigte in Heimindustrien. Als neuer Arbeitskrafttypus ist er bisher nur für einige, allerdings zunehmend bedeutsame Erwerbsgruppen charakteristisch: etwa für Teile der Medien- und Computerbranche, für hoch qualifizierte Experten, Berater und Führungskräfte.[21] Hier sind wir bei den Leistungsträgern der Wissensökonomie. —— Jene «Arbeitszeitwirklichkeit», die als aufgabenorientierte Steuerung der Arbeit in vielen marginalen Produktionsbereichen der Industriegesellschaft – wie Wissenschaft und Entwicklung, Kunst und Erziehungswesen, Seelsorge und Politik – schon immer gegolten hat, weitet sich nun auf andere Tätigkeitsfelder aus.[22]

ALLTÄGLICHE LEBENSFÜHRUNG

Die Normalität einer starren Trennung von Arbeit und Leben, die den Alltag und seine Organisation in industriellen Gesellschaften prägte und als letztlich «irreversibler Modernisierungsfortschritt» erschien, wird mit dem Übergang zu einer neuen, reflexiven Stufe der Modernisierung aufgelöst. Arbeitszeitflexibilisierung und mediengestützte Arbeit von abhängig Beschäftigten oder Selbständigen, die zu Hause stattfindet, verwischen die Grenzen zwischen Erwerbsarbeit und Privatheit. Damit wird das Verhältnis von Arbeit und Leben facettenreicher und auch komplizierter. Die Anforderungen an eine individuelle und aktive

Gestaltung der Alltagsorganisation nehmen zu.[23] ——— Das begrifflich auf Max Weber zurück-führende «Konzept der alltäglichen Lebensführung» liefert ein Modell, das die Praktiken und aktiven Strukturierungsleistungen fasst, mit denen Individuen ihr Tätigsein in unterschied-lichen Handlungsfeldern, wie Erwerbsarbeit, Freizeit, Familie, Partnerschaft, Schule, Freundes-kreis oder ehrenamtliche Arbeit, zu einem eigenen «Alltagskontinuum» integrieren.[24] Die Autoren des Konzeptes betonen, dass die Lebensführung, obwohl sie ein «Produkt der Person» sei, dieser gegenüber eine «strukturelle Selbständigkeit» habe. Lebensführung basiert auf «sozialen Arrangements mit den unterschiedlichen Tätigkeitsbereichen». Sie ist zwar sozial und auch durch die Verwendung von Technologie geprägt, aber kein System der Gesellschaft oder der Technikentwicklung. Vielmehr stellt sie einen «Zusammenhang eigener Logik» dar, der in aktiver Auseinandersetzung mit den sozialen und kulturellen Bedingungen des Einzel-nen «zwischen den Polen Individuum und Gesellschaft vermittelt». Weil das Konzept der alltäglichen Lebensführung «die Herstellung des Alltags selbst als Handlung im Feld der Vermittlung zwischen unterschiedlichen Lebensbereichen beschreibt», macht es die «wachsen-den Anforderungen im Hinblick auf die eigenständige Strukturierung der Arbeitsausführung und der Einbettung der Erwerbsarbeit in das Alltagsleben» sichtbar.[25] Dabei interessiert in erster Linie «die Alltagspragmatik der Tätigkeiten von Menschen, ihre Praxis, und erst in zwei-ter Hinsicht (aber auch) deren sinnhafte Identifikation oder deutende Aneignung, wie dies zum Beispiel bevorzugtes Thema der Lebensstilforschung ist».[26]

ZEITEN UND RÄUME VON WISSENSARBEITERN

Wissensarbeiter sind hoch qualifizierte Angehörige jener produktionsorientierten Dienst-leistungsbranchen, die Robert Reich als «Symbolanalytiker» kategorisiert hat. Hierzu ge-hören traditionell Wirtschafts- und Finanzmanager, aber neuerdings auch Softwareentwickler, Medienspezialisten und andere kreative Dienstleister, die im Rahmen der Produktentwicklung an Marketing und Design arbeiten. Auf welche Zeit- und Raumverwendungsmuster greifen Wissensarbeiter bei der Herstellung ihres Alltags zurück? Wie koordinieren sie Erwerbs-arbeit und Privatleben, und welche Rolle spielen hierbei die neuen Informations- und Kommunikationstechnologien? ——— Im Rahmen des Bauhaus Kollegs III «Serve City» haben Silke Steets und Kayt Brumder eine Pilotstudie zu den räumlichen und zeitlichen Handlungs-mustern einer kleinen Gruppe von Wissensarbeitern in New York, Sydney und Colombo durchgeführt, die aufschlussreichen Einblicke in die alltägliche Lebensführung dieser Städter gibt.[27] ——— Mit Hilfe von Tätigkeitsplänen wurden ihre Tagesaktivitäten erfasst: Zeitpunkt, Dauer und Ort der jeweiligen Aktivität, die dabei jeweils verwendeten Kommunikationstechnolo-gien sowie eventuell in Anspruch genommene Dienstleistungen. In Online-Interviews wurden sodann entlang eines Gesprächsleitfadens persönliche Erfahrungen und Bewertungen der Autoren erfragt, die als subjektive und atmosphärische Wahrnehmungen in den Tätigkeits-plänen nicht dargestellt werden konnten. Es ging darum, ihre Zeitverwendungsmuster und die damit verbundene Techniknutzung sichtbar zu machen. Denn die Selbstverständlichkeit, mit der funktionierende Technik sowie zeitliche und räumliche Strukturierungen in den Alltag eingebunden sind, macht sie häufig unsichtbar. Sie werden zur Gewohnheit und damit verall-täglicht. «Dieses kommunikativ nicht in Erscheinung tretende Verhältnis von Technik und Zeit (und Raum, R.S.) muss als ein hochgradig voraussetzungsvolles Konstrukt des Alltags in sei-nen Bedeutungen ernst genommen werden.»[28]

ROUTINEN Der Auflösung von starren Zeitrhythmen durch die Entgrenzung der Arbeitszeit begegnen die an der Studie beteiligten Wissensarbeiter mit der Entwicklung persönlicher Routinen. Diese sind nicht gleichbedeutend mit «vordefinierten Tagesabläufen», so Steets. Vielmehr stellen sie «Tätigkeitsinseln» dar, «über die man nicht immer wieder neu nachdenken muss, sie vermitteln Orientierung und Struktur und helfen dabei, nicht ständig von der Geschwindigkeit der Ereignisse und den Anforderungen des Arbeitsalltags überrollt zu werden».[29] —— Steets unterstreicht den habituellen Charakter von Routinen als Handlungen, die ein Individuum nicht immer wieder neu erfinden muss. Wichtig ist hier der «Aspekt der Vertrautheit, den Routinen in einer sich immer schneller drehenden Welt erzeugen». So stellt die Gewohnheit einer Interviewpartnerin in New York, jeden Morgen auf dem Weg ins Büro bei demselben freundlichen Angestellten eines Cafés ihren Take-away-Kaffee zu kaufen, eine Praxis dar, bei der die gleiche Handlung regelmäßig mit einem bestimmten Raum identifiziert wird. —— Handlung und Struktur werden in der Wahrnehmung, Vorstellung und Erinnerung von Menschen als Raum zusammengefasst. Dieser Raum entsteht nach Martina Löw durch «spacing», die Platzierung von physischen Strukturen und Objekten und den damit verknüpften sozialen Handlungen im dynamischen Neben- und Miteinander von Menschen und Dingen.[30] Steets betont, dass Routinen Orte des Verweilens erzeugen, an denen «zweckfrei» Zeit verbracht wird: «Das Verweilen, das bewusste Verbringen von Zeit (das englische ‹to spend time› – Zeit verausgaben – macht es noch deutlicher) in erkämpften, aber sich wiederholenden Zeit- und Tätigkeitsinseln, kann als widerständige Praxis von Wissensarbeitern gegen die vollständige Vereinnahmung durch den Job gelesen werden.»[31]

MULTI-TASKING Um die Qualität von Zeit zu erhöhen und die Zeitverwendung effizienter zu gestalten, entwickeln Wissensarbeiter Strategien des «Multi-Tasking». Damit reizen sie die Möglichkeiten einer parallelen Anwendung der verschiedenen Kommunikationstechnologien aus. So werden unterschiedliche Tätigkeiten gleichzeitig oder in schneller, zum Teil sich überlagernder Abfolge durchgeführt, etwa E-Mails beantwortet, Telefonate erledigt und Termine organisiert, während man an einer Produktspezifikation arbeitet. Multi-Tasking kann als Methode der Leistungsverdichtung begriffen werden, in der die Zeit ihren linearen Charakter des «Eins-nach-dem-anderen» verliert zugunsten einer Überlagerung und Gleichzeitigkeit von Aktivitäten, die ein horizontales Netz von simultanen Handlungen erzeugen. Im Gegensatz zur Herstellung von Routinen «scheint Multi-Tasking eine offensive Strategie zu sein, mit der Komplexität des Alltags umzugehen, ohne sie zu reduzieren».[32]

KORROSION

In seinem Buch «Der flexible Mensch», das im englischen Original unter dem signifikanteren Titel «The Corrosion of Character» erschien,[33] erklärt Richard Sennett die Devise «Nichts Langfristiges» zum eigentlichen Motto des «neuen Kapitalismus». Und er stellt den Wandel der Zeitformen, insbesondere der Arbeitszeitorganisation, als entscheidendes Kennzeichen dieses neuen Kapitalismus in den Vordergrund seiner Betrachtung.[34] —— Sennett stützt sich auf Arbeitsplatzuntersuchungen und persönliche Berichte von Menschen, die zum Zeitpunkt seiner Befragungen in produktionsorientierten Dienstleistungsberufen (Consulting, Marketing, Softwareentwicklung) arbeiteten oder früher gearbeitet hatten. Als ein Ergebnis dieser Befunde problematisiert er die Dissonanz, die entsteht, wenn Menschen als Erwerbstätige mit Erfolg «Werte der Flexibilität» (wie zeitliche und räumliche Mobilität, Ungebundenheit, kooperative Oberflächlichkeit, Distanz leben), die sich aber im privaten Feld der Familien, Lebensgemeinschaften, Freundschaften oder der häuslichen Nachbarschaft als wenig geeignet erweisen, tragfähige und belastbare Beziehungen aufzubauen. Diesen Widerspruch reflektieren Sennetts Gesprächspartner als Glaubwürdigkeitslücke, die subjektiv erlebt und erlitten wird.[35] Das zunehmende Leiden an der Dissonanz der privat und beruflich geforderten Wertesysteme, die der Einzelne in den unterschiedlichen Sphären seines Alltags überzeugend realisieren muss, aber ist Ausdruck einer ungewollten «Rückwirkung» im Sinne der Beck'schen Theorie reflexiver Modernisierung. Sennett konstatiert, dass die zeitliche, räumliche und tätigkeitsbezogene «Drift», die der «kurzfristig agierende Kapitalismus» von den Erwerbstätigen verlangt, «den Charakter des einzelnen Menschen (bedroht), besonders jene Charaktereigenschaften, die Menschen aneinander binden und dem Einzelnen ein stabiles Selbstgefühl vermitteln».[36] Sennett diskutiert allerdings die Herkunft der «postmateriellen Werte» nicht, die den von ihm dargestellten Flexibilisierungen unterliegen. Diese Werte stammen aus der Lebenswelt der «Selbstverwirklichungsmilieus» der 1960er Jahre. Vom «Loftliving» (Sharon Zukin) in Soho führte der Weg zur selbstunternehmerischen Garagenkultur des Silicon-Valley. Elisabeth Kremer weist darauf hin, dass im weiteren Verlauf «die postmateriellen Werte und Praktiken von den Unternehmen absorbiert und für die Unternehmenskultur der spezialisierten Flexibilisierung und das Loan Management fruchtbar gemacht (wurden)».[37]

PRODUKTIVE KOMMUNIKATION, NEBENFOLGEN UND DIE STADT

Der Skeptizismus, mit dem viele Menschen der hier behandelten Entgrenzung von Arbeit begegnen, wirft Licht auf einen auffälligen und doch weitgehend latenten Widerspruch der neuen Produktionsformen. Wenn wir das Konzept des «aktiven Vertrauens» zwischen Individuen – und, über sie vermittelt, zwischen Unternehmen –, das nach Giddens Loyalität, Autonomie und Verantwortlichkeit als Schlüsselkategorien für das Handeln der Akteure voraussetzt, mit der widersprüchlichen Erfahrungsperspektive von Nebenfolgen kontrastieren, die Sennett oder auch die Lebensführungsforschung für den «flexiblen Menschen» zwischen Arbeit und Leben aufzeigen, wird ein Re-Produktionsdilemma des neuen Kapitalismus deutlich: Wie kann er die komplexen Voraussetzungen einer Produktion gewährleisten, in der die «Ware Arbeitskraft» nicht mehr als isolierte oder «reine Arbeitskraft» auftritt, sondern als «ganze Person»? In der die Methode der Trennung von Arbeit und Leben dysfunktional wird, weil der Erfolg der Produktion davon abhängt, dass die kognitiven und affektiven Potenziale des arbeitenden Menschen als Ganzes in den Arbeitsprozess investiert werden?[38] Hier tritt zumindest der hochgradig ambivalente und prekäre Charakter jener Grundlagen flexibilisierter Produktion zutage, auf denen der neue Kapitalismus basiert: Wissen und die Bewertung von Information und Wissen sind gebunden in und an Humankapital, an «die Produktivität des Körperlichen, des Somatischen», wie es Michael Hardt und Antonio Negri formulieren. Sie halten als Novum der neuen Arbeitsformen in der wissensbasierten Dienstleistungsgesellschaft fest, dass «die Kooperation der Arbeitstätigkeit vollkommen immanent ist». Die Fähigkeit zur Kooperation, die sich sprachlicher, kommunikativer und affektiver Netzwerke bedient, wird zum Produktivfaktor, wird «produktive Kommunikation».[39] —— Wenn es also kennzeichnend für den «neuen Kapitalismus» ist, dass das produktionsorientierte instrumentelle Handeln und das der Lebenswelt entnommene kommunikative Handeln der Arbeitssubjekte auf das Engste verwoben sind, stellt sich mit Jurzcyk/Voß die Frage, «auf welchen reproduktiven

Voraussetzungen Erwerbsarbeit basiert und auf welche dieser Voraussetzungen die Individuen rechnen können». —— Für viele Beschäftigte und «Unternehmer der eigenen Arbeitskraft» existiert die Einbettung in Reglements wohlfahrtsstaatlicher Sozialpartnerschaft längst nicht mehr: Hier entsteht ein Bedarf an neuen institutionellen Arrangements individualisierter Arbeitskräfte, die Flexibilisierung auch zu ihren Gunsten gestalten wollen. Gleichzeitig wird deutlich, wie sehr die Lebenswelt als physischer und soziokultureller Raum für die Produktivität der Wissensökonomie an Bedeutung gewinnt. Die Stadt ist ein Teil dieses lebensweltlichen Raumes. Ihr fällt verstärkt die Aufgabe zu, Ressourcen im umfassenden Sinne bereitzustellen, die für Beschäftigte früher im Kontext ihres betrieblichen Arbeitsplatzes zugänglich, geregelt oder gesichert waren. —— Mit dem Outsourcing ganzer Produktions-, Dienstleistungs- und Logistikabteilungen aus den verschlankten Unternehmen der westlichen Industriestaaten werden nicht nur die Beschäftigten freigesetzt. Mit der betrieblichen Arbeit verlieren sie den Zugang zu den – an die Unternehmen gebundenen – gesellschaftlichen Ressourcen (Infrastruktur, soziale Einrichtungen bis hin zu persönlichen Kommunikationsnetzwerken), die nun individuell rekonstruiert werden müssen. Welche Angebote kann der städtische Raum für diese Aktualisierung von Ressourcen zukünftig bereithalten, die konstitutiven Charakter für wissensbasierte Dienstleistungsökonomien haben? —— Die Stadt kann ein bedeutender Träger solcher produktiven und reproduktiven Ressourcen sein. Und zwar in aktualisierten Formen von zum Teil bekannten städtischen Typologien, in denen die neuen ICTs als kollektiv verfügbare Ressource eine konzeptionelle Rolle spielen für den Zugang zu «Lebenschancen» überhaupt. Scott Lash erklärt die «systematischen Ungleichheiten zwischen Individuen und Staaten des Zentrums und der Peripherie im weltweiten Informationskapitalismus» aus den ungleich verteilten «Reflexivitätschancen», also der ungleich verteilten Teilhabe an Wissen. Denn Reflexivität resultiere aus dem Zugang zu den globalen und lokalen Informations- und Kommunikationsnetzen. Während im Industriekapitalismus Lebenschancen und Klassenunterschiede von der Stellung und dem Zugang des Akteurs zur Produktionsweise abhingen, beruhen in der reflexiven Moderne Lebenschancen – im Sinne der Unterscheidung von «Reflexivitätsgewinnern» und »Reflexivitätsverlierern» – auf der Position in der «Informationsweise». Lash fasst zusammen: «Lebenschancen sind in der reflexiven Moderne eine Frage des Zugangs zu den und der Position in den neuen Informations- und Kommunikationsstrukturen, und nicht des Zugangs zu produktivem Kapital oder Produktionsstrukturen.»[40] —— Der städtische Raum stellt eine wichtige Plattform für diesen Zugang dar. Eine Fixierung auf den quantitativen Aspekt des durch ICT ermöglichten Austauschs kodifizierter Information und kodifizierten Wissens, wie sie zum Beispiel Manuel Castells' Blick auf den «Raum der Flüsse» prägt, marginalisiert den Raum, das Physische überhaupt. Die Rede vom Netzwerkraum, vom Raum der Flüsse, darf deshalb mit Recht als «neue Ideologie des Raumes» (Steets) hinterfragt werden.[41] Dagegen stellen Konzepte, die einem qualitativen Raumparadigma folgen, Fragen der Bewertung in den Mittelpunkt, denn diese macht aus «Information» überhaupt erst anwendungsrelevantes «Wissen», sowohl spezifisches Experten- als auch implizites Alltagswissen. Solche Ansätze untersuchen das sich neu abzeichnende Zusammenspiel von Wissensarbeit und Raum und betonen Phänomene der Gleichzeitigkeit und hybriden Mischung zwischen dem «Raum der Flüsse» und den «Fühlungsvorteilen und Bindungskräften konkreter Orte». In diesen räumlichen und soziokulturellen Mischungen werden nicht Hemmnisse, sondern «Raumfolien für Innovation» erkennbar, wie Ulf Matthiesen und Hans-

Joachim Bürkner hervorheben. Damit läuft die «systematische Aufwertung konkreter Arbeits- und Lebensorte dem globalen Nomadentum der Trägergruppen avancierten Wissens» nicht zuwider. Allerdings sind die baulich-räumlichen Typologien der Wissensarbeit in monofunktional strukturierten Gebieten, wie sie Technologie- und Wissenschaftsparks oder Campus-Modelle darstellen, in Frage zu stellen.[42] Denn man kann mit gutem Grund bezweifeln, dass diese Typologien in der Tradition der Charta von Athen die lebensweltlichen, milieugebundenen und informellen Praktiken der Wissenserzeugung und -reproduktion unterstützen. Sie bieten kaum Möglichkeiten für die Verankerung und den alltäglichen Austausch unterschiedlicher Wissensformen. Wenn allerdings städtische Aufwertungspolitiken nicht als Gentrifizierungsprogramme für Stadtquartiere des nächsten «Hype» enden wollen, müssen sie Strategien verfolgen, die dem Raum den Zugang zu produktiver Kommunikation, zu Information und Wissen als kollektive Ressource einlagern. —— Die Moderne ist, folgt man Beck, Giddens und Lash, in doppelter Weise reflexiv geworden. Wie ihr Städtebau interaktiv und damit zur Quelle für individuelle und institutionelle Reflexivität werden kann, möchten wir im Folgenden am Entwurf für ein neues Dienstleistungsquartier auf einer Industriebrache im Hafen von Sydney zeigen.

ANMERKUNGEN
1. S. Willeke/T. Kleine-Brockhoff, Tut Modernisierung weh? In: Die Zeit, Nr. 48, 19. November 1998, S. 18 **2.** TIME, Dezember 1997, zit. n. E. Hildebrandt/K. Reinecke/J. Rinderspacher/G. Voß, Einleitung: Zeitwandel und reflexive Lebensführung. In: E. Hildebrandt (Hg.) in Zusammenarbeit mit G. Linne, Reflexive Lebensführung. Berlin 2000, S. 10 **3.** Ebd. **4.** M. Eberling/D. Henckel, Städtische Zeitstrukturen im Wandel. In: Hildebrandt (Hg.), a. a. O., S. 241 f. **5.** Ebd., S. 239 f. **6.** Information and Communication Technologies (Informations- und Kommunikationstechnologien). In diesem Text wird das englische Akronym (ICT bzw. ICTs) verwendet. **7.** M. Hardt/A. Negri, Empire – Die neue Weltordnung. Frankfurt am Main/New York 2002, S. 310 **8.** S. Lash, Reflexivität und ihre Doppelungen: Struktur, Ästhetik und Gemeinschaft. In: U. Beck/A. Giddens/S. Lash, Reflexive Modernisierung. Frankfurt am Main 1996, S. 209 **9.** Hardt/Negri, a. a. O., S. 301 **10.** Zur Entwicklung von Dienstleistungsökonomien und zur Definition von Dienstleistungen siehe ausführlich: E. Kremer, Was sind Dienstleistungen? Zum Wandel von Dienstleistungen und Stadtstruktur. Unter: www.bauhaus-dessau.de/kolleg/servecity/download.php, S. 2 ff.; und R. Stein, Sydney Globalizing: A World City in National, Pacific Asian and International Context. Report for the Bauhaus Kolleg. Berlin, Juli 2002, unter: www.bauhaus-dessau.de/kolleg/servecity/download.php , S. 8 f. **11.** U. Beck, Das Zeitalter der Nebenfolgen und die Politisierung der Moderne. In: Beck/Giddens/Lash, a. a. O., S. 26 und S. 40 **12.** Ebd., S. 38. Beck grenzt sein theoretisches Konzept damit von «einfachen Modernisierungstheorien» ab, die linearen industriegesellschaftlichen Modernisierungsvorstellungen verhaftet bleiben. Hierzu zählt er auch die Theorien des Postindustrialismus, insbesondere von J. Fourastié und D. Bell, auf den die Rede von der postindustriellen Dienstleistungsgesellschaft zurückführt. Diese Theorien engen, so Beck, den Horizont möglicher gesellschaftlicher Zukünfte «auf eine Schwerpunktverschiebung vom industriellen zum Dienstleistungssektor ein» und erfassen damit die «Dimensionen des Strukturwandels zum Ende des 20. und Beginn des 21. Jahrhunderts nicht ausreichend». Vgl. auch Kremer, a. a. O., S. 3 f. **13.** U. Beck, Wissen oder Nicht-Wissen? Zwei Perspektiven «reflexiver Modernisierung». In: Beck/Giddens/Lash, a. a. O., S. 289; S. Lash, Expertenwissen oder Situationsdeutung? Kultur und Institutionen im desorganisierten Kapitalismus. In: Beck/Giddens/Lash, a. a. O., S. 341 **14.** A. Giddens, Risiko, Vertrauen und Reflexivität. In: Beck/Giddens/Lash, a. a. O., S. 319 f. Um welche neuen Formen des gesellschaftlichen Zusammenhalts es sich hier handeln könnte, lässt Giddens an dieser Stelle offen. Er stellt allerdings fest, dass sie sich nicht mehr nach der klassischen Unterscheidung von «Gemeinschaft» und «Gesellschaft», von «organischem» und «mechanischem» gesellschaftlichen Zusammenhalt kategorisieren lassen. Als Beispiele für neue soziale Arrangements nennt er zum

Beispiel Selbsthilfegruppen, die lokal organisiert sind und gleichzeitig über globale Netzwerke verfügen, oder intime Beziehungen, die über große Entfernungen hinweg aufrechterhalten und gelebt werden. **15.** Ebd., S. 321 **16.** Ebd., S. 318 **17.** H. Bude, Wer glaubt noch an den deutschen Sozialstaat? In: prisma. das publik magazin, Universität Kassel, 1. Jg., Nr. 2, Juni 2003, S. 1 **18.** K. Jurczyk/G. Voß, Entgrenzte Arbeitszeit – Reflexive Arbeitszeit. In: Hildebrandt (Hg.), a. a. O., S. 165 **19.** M. Wiedemeyer, Das postindustrielle Arbeitsleben – mehr «Kunst» oder doch mehr «Werk»? Unter: www.bauhausdessau.de/kolleg/servecity/download.php, S. 4 **20.** Jurczyk/Voß, a. a. O., S. 165 f. **21.** Ebd., S. 166 und S. 168 **22.** Hildebrandt et al., a. a. O., S. 26 **23.** Ebd., S. 27 f. **24.** Vgl. zum Beispiel K. Jurczyk/M. Rerrich (Hg.), Die Arbeit des Alltags. Beiträge zu einer Soziologie alltäglicher Lebensführung. Freiburg im Breisgau 1993 **25.** F. Kleemann/G. Voß, Telearbeit und alltägliche Lebensführung, unter: www.tu-chemnitz.de/phil/soziologie/voss/aufsaetze/ta alf.doc, S. 5; und S. Steets, Zeiten und Räume von Wissensarbeitern. Studie im Auftrag der Stiftung Bauhaus Dessau, Juli 2002, unter: www.bauhaus-dessau.de/kolleg/servecity/download.php, S. 13 **26.** Hildebrandt et al., a. a. O., S. 29 **27.** Vgl. K. Brumder/S. Steets, Serve City. Bauhaus Kolleg III «Serve City», 1st Trimester. Broschüre, unter: www.bauhaus-dessau.de/kolleg/servecity/ download.php, S. 10 ff.; Steets 2002, a. a. O. **28.** D. Ahrens/ A. Gerhard/K. H. Hörning, Die Umkehrbarkeit der Zeit. Inszenierungspraktiken von Technik und Zeit. In: P. Noller/W. Prigge/K. Ronneberger (Hg.), Stadt-Welt. Frankfurt am Main/New York 1994, S. 172 f. **29.** Steets 2002, a. a. O., S. 21 **30.** Ebd., S. 11 **31.** Ebd., S. 22 **32.** Ebd., S. 23 **33.** R. Sennett, Der flexible Mensch. Die Kultur des neuen Kapitalismus. Berlin 1998 **34.** Ebd., S. 25 **35.** Ebd., z. B. S. 29 ff. **36.** Ebd., S. 31 **37.** Kremer, a. a. O., S. 11 **38.** Kleemann/Voß, a. a. O. **39.** Hardt/Negri, a. a. O., S. 305 und 302 **40.** Lash 1996, a. a. O., S. 211 f. **41.** Vgl. Steets, a. a. O., S. 27; Kremer, a. a. O., S. 6 **42.** U. Matthiesen/H. J. Bürkner, Wissensmilieus – Zur sozialen Konstruktion und analytischen Rekonstruktion eines neuen Sozialraum-Typus. In: Stadtregion und Wissen. Analysen und Plädoyers für eine wissensbasierte Stadtpolitik. Leverkusen, 2003 (im Erscheinen), S. 4 ff.

CITY OF DE-LIMITED RE-PRODUCTION
REGINA SONNABEND

FLEXIBILISATION OF TIME AND SPACE

The failure of the talks on shorter working hours and the introduction of the 35-hour working week in the east German metalworking industry in the summer of 2003 brought back memories of a different round of negotiations on working time 10 years earlier, at the end of which unions and management reached agreement on a spectacular scheme for a reduction and flexibilisation of working hours. Volkswagen's introduction in 1994 of the 28.8-hour or four-day working week at its plants in Germany, which was enshrined in a collective bargaining agreement, turned the company into a laboratory for the flexibilisation of working time. The objective was to put into practice a new corporate plan to adapt production to the «movements of the (globalised) market» and thus create what was termed a «breathing company». The collective agreement ushered in the formal reduction of the working week to 28.8 hours while also allowing for its flexible replacement. This flexibilisation of working hours subsequently formed part of well over 100 different working time arrangements. As a result the company was able to regulate the volume of work in a «flexibility cascade» that allowed for an extension of daily or weekly working hours as needs dictated.[1] This innovation was unparalleled in German industry and in relations between management and unions. As a strategy to restructure the welfare state it attracted international attention: «... the right track to reduce joblessness and boost competitiveness without undermining the foundations of the welfare state.»[2]
—— The flexibilisation of working hours at Volkswagen was the outcome of a comprehensive restructuring of production processes and the introduction of new work organisation schemes in the company. In tune with the concept of the «breathing company», the new working-time arrangements reflected the transformation of the economy brought about by the globalisation of markets and production, which necessitated an adjustment in corporate strategies on costs, quality and personnel. Shifts in patterns of consumption and diversified lifestyles gave rise to a correspondingly differentiated product policy with broader model ranges, more frequent changes of model and a greater variety in the trim.[3] —— The flexibilisation of working time at Volkswagen made co-ordinating job requirements, family responsibilities and private pursuits an even more demanding and time-consuming task than it had been under shift-work conditions. —— In purely arithmetical terms, a reduced working week leads to more free time; yet this free time appears to evaporate into thin air. This is because of the extra time that has to be invested in negotiating the arrangements necessitated, on the one hand, by the increase in options and, on the other, by the changes in gender roles in families and partnerships. New, time-saving everyday routines have to be worked out. The greater intensity of job performance generated by new forms of work organisation, such as group work and team work, coupled with shorter working hours means that more intensive periods of regeneration are required after the work is over. Leisure time can turn into «dead time» if it is so fragmented that it can no longer be sensibly planned and used.[4]
—— The new organisation of working time has also had a spatial and infrastructural impact on the Volkswagen city of Wolfsburg. These are side effects that the time flexibility planners

did not factor into their calculations. Suddenly the transport networks have reserve capacity and traffic jams are less frequent, which makes car driving a more attractive option. There has also been a drastic decline in the number of passengers using the public transport system, which has found it very hard to adapt to the highly flexible individual working times of its customers. The organisation of working time at the parent plant in Wolfsburg has had an impact on its over 1,000 regional and international suppliers, too. Volkswagen's knowledge-intensive R & D division, for instance, works round the clock at three locations in three different time zones to reduce cost-intensive development times to a third and thus enable the company to market its new models earlier than the competition. As the «dominant network node», the company has become the time and space-determining «clock» not just for the inhabitants of Wolfsburg, but also for the plants that form part of its international network of suppliers.[5]

PRODUCTIVE COMMUNICATION

The new century's information and knowledge-based economy is not putting an end to industrial production. Just as industry did not replace agriculture in the 20th century but industrialised it instead, so industrial manufacture is being informatised by the new information and communication technologies (ICTs). This is leading to the extension and de-limitation of production structures in terms of time, space and sector. On the one hand, the dividing line between manufacturing and services is becoming increasingly blurred with industrial products now comprising a high percentage of services from the fields of research and development, financial and legal counselling, and design and marketing. On the other hand, informatisation is enabling production that is based on a division of labour to be organised in global networks that not only remove the limits on production location but also on the organisation of working time. «The novelty of the new information infrastructure is that it is embedded within and completely immanent to the new production processes.»[6] The information infrastructure in the form of the new ICTs is both a medium and a tool for the «quicker innovation» that generates the crucial market lead for companies competing in the global market on the basis of «flexible specialisation», i.e. subtly differentiated product ranges with a focus on lifestyle. Quicker innovation entails that a lot more work must proportionally go into the designing of new products. It entails that a far greater proportion of the production process than heretofore must be accounted for by a knowledge-intensive design process and a smaller proportion by the material labour process.[7] —— Post-Fordist production planning communicates with markets «constantly and immediately ... at least in theory, the production decision actually comes after and in reaction to the market decision.»[8] In other words, successful communication between production and markets is crucial to success. This «productive communication» model is more advanced in the tertiary sector. Company-related services in the fields of law, finance, accounting, R & D, marketing and design build on the continuous exchange and assessment of information and knowledge.[9]

REFLEXIVE MODERNISATION

In his theory of reflexive modernisation Ulrich Beck states that in the course of the 20th century the development of the modern world came up against unforeseen restrictions or, to be more accurate, it came up against unintended or non-reflected «side effects», among which he includes risks, dangers, individualisation and globalisation. According to Beck, all these developments «add up to produce the structural breach that separates industrial modernity from other modernities».[10] These self-generated side effects, «changes in the modernisation of industrial society that have their own momentum», as it were, call into question the very foundations of development in industrial society. From the 1970s on, modernity begins to become «reflexive».[11]

—— The process of «reflexive modernisation» frees agents from structures and deprives them of the normative expectations that were associated with the institutions of simple industrial modernity in economics, politics and the private sphere. On the one hand, this freeing of agents from structures constitutes a liberation from rigid standards and regulations. On the other hand, traditional codes of conduct disappear. The individual is, therefore, faced with the task of reconstructing – on his own initiative – activity structures, control mechanisms and, indeed, an identity of his own in the conduct of his personal life. This release from the structures of simple modernity means that people's lifestyles become both individualised and reflexive. This applies not just in terms of the unconscious, «automatic» reflex (the term Beck uses is reflexivity), but also of the concept of reflexivity used by Anthony Giddens and Scott Lash to denote conscious reflection, i.e. knowledge about the causes, consequences and problems of the modernisation processes that individuals and organisations acquire in order to adapt to changing social conditions and the resulting demands made upon them.[12] —— Giddens stresses the transformed mechanisms of trust and the importance of «active trust». «Active trust is trust that has to be energetically treated and sustained. It is at the origin of new forms of social solidarity today, in contexts ranging from intimate personal ties right through to global systems of interaction. ... Trust has to be won and actively sustained; and this now ordinarily presumes a process of mutual narrative and emotional disclosure ... An ‹opening out› to the other is the condition of the development of a stable tie.»[13] Organisations also generate such «openings» by giving employees increased autonomy and personal responsibility and introducing decision-making procedures that are less hierarchical and directed more at horizontal integration. The new information and communication media support such horizontal communication structures in the corporate environment. According to Giddens, however, technological innovation is not the root cause of change in corporate organisational structures. He treats the new patterns of organisational development as an example of the spread of «institutional reflexivity». For him this is the key feature of social modernisation in what he calls late capitalism and it characterises all areas of social life – the economy, politics and personal relations.[14] —— Giddens says that decisions are based primarily on expert knowledge. This knowledge is specific and not only «internally contested» – it is also repeatedly called into question by other forms of knowledge, such as the «local knowledge of laypersons».[15] Given that contested knowledge and non-knowledge as well as communication in network structures outside companies are becoming essential elements in the decisions made by individuals and organisations, there is a corresponding increase in the importance of the relational work that has to be carried out in the engendering of active trust. At key moments there frequently has to be physical, face-to-face communication.

THE INDIVIDUALISATION OF WORK
According to the german sociologist Heinz Bude, «normal labour relations involving a lifetime's full employment appropriate to one's qualifications are increasingly becoming a fiction. A longitudinal survey revealed that labour relations of this kind (now) only apply to a good third of those in employment.» Across all social classes and strata, he says, people are work-

ing on limited or part-time contracts or have suffered extensive interruptions to their professional careers. «They are experimenting with new forms of mixed income based on informal work, dependent gainful employment and independent family or housework. What some people do out of need is for others a deliberate choice.»[16] —— Flexibilisation of labour and employment relations of the kind that Volkswagen put into effect in its plants in the 1990s leads to the downgrading or dissolution of traditional work structures. Employees in production and administration begin to devise their own work structures, which take on different forms and dimensions. The need to have a greater degree of «self-organisation» of work now applies to more and more jobs and groups of workers and not just to highly-qualified executives and experts.[17] In discussing these developments Michael Wiedemeyer refers to the «increasing bohemisation of the working world».[18] —— Karin Jurzcyk and Günter Voß emphasise that the new corporate organisation models are subject to a «systematically modified basic logic of corporate control and the use of labour». These models are clearly different from the widely-employed «Taylorist models» of the past, because the «crucial business of the ‹transformation› of latent labour power into tangible job performance by means of corporate control … is assigned to the workers themselves». This goes hand in hand with a more extensive use of working capacity that accesses deep-lying layers of the personality and exploits resources such as innovativeness, creativity, enthusiasm and communicative competence.[19] —— Voß/Jurczyk talk of a new type of worker – an «entrepeneur of his own labour power» – who has a wide range of predecessors, including freelances, artists, the small-scale self-employed, day labourers, itinerant workers and employees in cottage industries. This new type of worker is typically found at present in just a few, albeit increasingly important occupation groups in parts of the media and computer industries as well as in the role of highly-qualified expert, consultant or executive.[20] This brings us to the high performers in the knowledge-based economy. The «working time reality» that has traditionally applied to the task-related control of work in many marginal areas of production in industrial society – such as research and development, art and education, pastoral care and politics – is now being extended to other areas of activity.[21]

CONDUCT OF EVERYDAY LIFE

The normal rigid separation between working and living, which characterised everyday life and its organisation in industrial societies and ultimately appeared to constitute an «irreversible step forward on the road to modernisation», vanishes with the transition to a new, reflexive form of modernisation. The flexibilisation of working time and the media-aided work performed at home by wage earners and self-employed people are blurring the boundaries between gainful employment and the private sphere. This is making the relationship between working and living much more sophisticated and complicated. The need for an individual and conscious organisation of everyday life is increasing.[22] —— The «concept of the conduct of everyday life», which goes back to Max Weber, provides a model that encompasses the practices and structuring processes that people become involved in so that they can integrate their activities in different fields, such as gainful employment, leisure time, the family, a personal partnership, school, a circle of friends or voluntary work and thereby establish an «everyday continuum» of their own.[23] The authors of this concept stress that although the conduct of everyday life is a «personal product», it enjoys a «structural independence» from the person concerned. The conduct of everyday life is based on «social arrangements with the different areas of activity». While it is social in nature and characterised by the use of technology, it is not a system born of society or the development of technology. On the contrary, it constitutes a «construct with a logic of its own» that «mediates between the individual and society» in an active attempt to come to terms with the individual's social and cultural conditions. Because the concept of the conduct of everyday life «describes the establishment of a daily routine itself as an activity in the field of mediation between different areas of life», it renders visible the «growing need for independent structuring of the performance of work and the embedding of gainful employment into everyday life».[24] What is of primary interest here is an examination of «the everyday pragmatism of human activities and their performance and only then (but also) their meaningful identification or interpretive appropriation, which is a popular theme in lifestyle research, for instance ».[25]

TIMES AND SPACES OF KNOWLEDGE WORKERS

Knowledge workers are highly-qualified members of the production-related service sectors whom Robert Reich has categorised as «symbol analysts». They have traditionally included business and financial managers, but lately their numbers have been swelled by software developers, media specialists and other creative service providers who work on marketing and design as a part of product development. What time- and space-use patterns do knowledge workers resort to in working out their daily routines? How do they co-ordinate gainful employment and their private lives and what role do the new information and communication technologies play in the process? ——— As part of the Bauhaus Kolleg III «Serve City», Silke Steets and Kayt Brumder carried out a pilot study on the space and time-based activity patterns of a small group of knowledge workers in New York, Sydney and Colombo that produced some informative insights into how these urban dwellers conducted their everyday lives.[26] ——— Activity plans were used to record their daily activities, including the time, place and duration of each activity, the communication technologies employed in the process and any services they drew on. During on-line interviews a discussion guide was used to inquire into the personal experiences and assessments of the knowledge workers, which could not be included in the activity plans since they comprised perceptions of a subjective and atmospheric nature. The information that was disclosed on time-use patterns and the application of the relevant technologies was particularly interesting. The matter-of-course way in which technology and the structuring of time and space are integrated into daily routines frequently makes them invisible. They develop into a habit and thus become routine. «The significance of this relationship between technology and time (and space, R.S.), which does not form a perceptible part of the communication process, must be taken seriously as an absolutely essential everyday construct.»[27]

ROUTINES The knowledge workers who participated in the study developed their own personal routines in response to the dissolution of strict time rhythms brought about by the removal of limits on working time. These routines are not synonymous with «pre-defined daily routines», says Steets. On the contrary, they constitute «islands of activity that do not have to be constantly reconsidered; they provide orientation and structure and save their creators from being constantly overwhelmed by the speed of events and the pressures of everyday work».[28] — Steets emphasises the habitual character of routines as activities that do not have to be worked out time and again. What is important here is the «aspect of familiarity that routines generate in a world that is turning at ever greater speed». The habit developed by one interviewee in New York of buying her takeaway coffee from the same friendly café employee every morning on her way to the office represents a practice in which the same activity is regularly identified with a certain space. —— The way that people perceive, imagine and recall things means that activity and structure are summarised as constituting space. According to Martina Löw, this phenomenon occurs as a result of «spacing», the situating of physical structures and objects and the social activities associated with them in a dynamic juxtaposition and coexistence of people and things.[29] Steets emphasises that routines generate places for people to dwell, where they can spend time «without any particular purpose». «Dwelling, the deliberate spending of time in hard-earned, but recurrent islands of time and activity, can be interpreted as a form of resistance put up by knowledge workers to prevent them being completely monopolised by their jobs.»[30]

MULTI-TASKING Knowledge workers devise «multi-tasking» strategies in order to enhance the quality of time and use it more efficiently. They thus make the most of the opportunities afforded by the parallel use of different communication technologies. Various activities are performed simultaneously or in rapid, partly overlapping sequences, such as answering e-mails, making phone calls and organising appointments while working on a product specification. Multi-tasking can be regarded as a way of upgrading performance in which time loses its linear character of «one after the other» and is replaced by an overlapping and simultaneity of activities that produce a horizontal network of actions performed concurrently. In contrast to the establishment of routines, «multi-tasking appears to be an offensive strategy designed to handle the complexity of daily routine without diminishing it in any way».[31]

CORROSION

In his book entitled «The Corrosion of Character»[32] Richard Sennett declares «no long term» to be the real motto of «new capitalism». In his study he focuses on the transformation of time forms and, in particular, of work organisation as the key characteristic of this new capitalism.[33] —— Sennett bases his remarks on workplace studies and personal reports by people who were either working in production-related service professions (consulting, marketing, software development) at the time he carried out his surveys or had previously worked in those areas. His findings lead him to expound on the dissonance that occurs when people enjoy positive experience of the «values of flexibility» (such as mobility in time and space, independence, co-operative superficiality, distance) in the context of their gainful employment, but find them ill-suited to building up stable and resilient relationships in the private sphere, i.e. in families, long-term partnerships, friendships or with neighbours. This contradiction is described by Sennett's respondents as a credibility gap, which they experience and suffer from.[34] The increased suffering incurred as a result of the dissonance between the value systems required in private and professional life, which people have to implement convincingly in the different spheres of their everyday lives, is the expression of an unintentional «repercussion», as defined in Beck's theory of reflexive modernisation. Sennett states that the time, space and activity-related «drift» that the «short-term capitalism» demands of employed people, «threatens to corrode character, particularly qualities of character which bind human beings to one another and furnishes each with a sense of sustainable self».[35]

However, Sennett does not discuss the origins of the «post-material values» that are determined by the forms of flexibilisation he describes. These values stem from the world of the «self-fulfilment milieus» of the 1960s. From «Loftliving» (Sharon Zukin) in Soho, the road led to the self-entrepreneurial garage culture of Silicon Valley. Elisabeth Kremer points out that later on «the post-material values and practices were taken up by companies and used to good effect in the corporate culture of specialised flexibilisation and lean management».[36]

PRODUCTIVE COMMUNICATION, SIDE EFFECTS AND THE CITY

The sceptical attitude shown by many people to the de-limitation of work that is being discussed here throws light on a striking and yet largely latent contradiction in the new forms of production. If we take the concept of «active trust» between individuals – and, as a result of their mediation, between companies – which, according to Giddens, presumes loyalty, autonomy and responsibility as key categories for the activities of those involved, and contrast this with the contradictory side effects between working and living that «flexible people» experience, as reported by Sennett and life conduct researchers, a re-production dilemma emerges within the new capitalism. How can it fulfil the complex requirements of production in which «labour as a commodity» no longer appears in the form of isolated or «pure labour power» but as a «whole person»; and in which the method of separating working and living becomes dysfunctional, because the success of production depends on the cognitive and affective resources of the working person as a whole being invested in the work process?[37] What emerges here is the extremely ambivalent and precarious character of the foundations of flexibilised production, on which the new capitalism is based. Knowledge and the evaluation of information and knowledge are bound up in and to human capital, to «the productivity of the corporeal, of the somatic», as Michael Hardt and Antonio Negri put it. They point to the fact that «cooperation is completely immanent to the labouring activity itself» as being a novelty in the new forms of work in the knowledge-based service society. The ability to co-operate, which involves the use of linguistic, communicational and affective networks, becomes a productive factor, thus engendering «productive communication».[38] —— If «informatised capitalism» is characterised by the fact that production-related instrumental activities and living-world-related communicational activities performed by the working subjects are closely interwoven, the question arises with reference to Jurzcyk/Voß as to «what reproductive requirements gainful employment rests on and which of these requirements individuals can count on». —— For many employees and «entrepreneurs of their own labour power», any embedding into the rules and regulations of welfare-state social partnership has long been a thing of the past. In this respect, there is a need to devise new institutional arrangements for «individualised» former employees who wish to benefit from flexibilisation. At the same time it is becoming clear just how important the living world is as a physical and socio-cultural space for the productivity of the knowledge-based economy. The city is a part of this living-world space. Its task is increasingly to provide resources that were once accessible, regulated or guaranteed to employed people at their corporate workplaces. —— The outsourcing of entire production, service and logistics departments from streamlined companies in Western industrial nations means more than just the setting free of employed people. Not only do employees lose their jobs, they are also deprived of access to the company-related resources (infrastructure, social facilities and personal communication networks) which consequently have to be individually reconstructed. What services can the urban space provide for the updating of resources in future which are an essential element of knowledge-based service economies? —— The city can be a major provider of such productive and reproductive resources in the shape of updated forms of partly familiar urban typologies, in which the new ICTs – as a collectively available resource – play a crucial role in respect of access to «life chances» as a whole. Scott Lash says that the «systematic inequalities in our globalized informational capitalism between core and peripheral nations» stem from the unequally distributed «reflexivity chances», i.e. the unequally distributed participation in knowledge. For reflexivity results from access to the global and local information and communication networks. In industrial capitalism, life chances and class inequality depend on an agent's place in and access to the mode of production; in reflexive modernity, life chances – the outcome of who are to be the «reflexivity winners» and who the «reflexivity losers» – depend instead on place in the «mode of information». Lash sums things up by saying that «life chances in reflexive modernity are a question of access not to productive capital or production structures but instead of access to and place in the new information and communication structures.»[39] —— The urban space constitutes an important platform for this access. A concentration on the quantitative aspect of the exchange of codified information and knowledge that ICTs make possible, which characterises Manuel Castells' approach to the «space of flows», for example, marginalizes space and the physical as such. Talk of the space of flows, of the network space, can therefore justifiably be called into question as the «new ideology of space» (Steets).[40] By contrast, concepts that pursue a qualitative spatial paradigm focus on assessment issues, because it is assessment that turns «information» into applicable «knowledge» – both specific expert knowledge and implicit everyday knowledge. Such approaches examine the newly emerging interaction between knowledge work and space and emphasise the phenomena of simultaneity and hybrid mixing between the «space of flows» and the «beneficial feelings and bonding forces of specific places». As Ulf Matthiesen and Hans-Joachim Bürkner stress, what we perceive in these spatial and sociocultural mixtures are not obstacles but «space foils for innovation». Hence, the «systematic upgrading of specific working and living places» does not run counter to «the global nomadism of the agents of advanced knowledge». However, a question mark must be placed against the structural and spatial typologies of knowledge-based work in mono-functionally structured areas, such as technology and science parks and campuses.[41] After all, there is every reason to doubt that these typologies, which follow the tradition of the Charter of Athens, actually support the living-world, milieu-related and informal practices of the generation and reproduction of knowledge. They offer very few opportunities for the anchoring and routine exchange of different forms of knowledge. If, however, urban redevelopment schemes are not to end up as gentrification programmes for urban neighbourhoods of the next hype, they must pursue strategies that incorporate access to productive communication, information and knowledge as a collective resource within the area concerned. —— If one can believe Beck, Giddens and Lash, modernity has become reflexive in a dual sense. How modern urban development can become interactive and thus be transformed into a source of individual and institutional reflexivity is illustrated below in the form of a design study for a new services neighbourhood on a derelict industrial site in the port area of Sydney, Australia.

NOTES

1. S. Willeke/T. Kleine-Brockhoff, Tut Modernisierung weh? In: Die Zeit, No. 48, 19 November 1998, p. 18 **2.** TIME, December 1997, quoted from E. Hildebrandt/K. Reinecke/J. Rinderspacher/G. Voß, Einleitung: Zeitwandel und reflexive Lebensführung. In: E. Hildebrandt (Ed.) in cooperation with G. Linne, Reflexive Lebensführung. Berlin 2000, p. 10 **3.** Ibid. **4.** M. Eberling/D. Henckel, Städtische Zeitstrukturen im Wandel. In: Hildebrandt (Ed.), loc. cit., p. 241f. **5.** Ibid. p. 239f. **6.** M. Hardt/A. Negri, Empire, Cambridge/London, 2000, p. 298 **7.** S. Lash, Reflexivity and its Doubles: Structure, Aesthetics, Community. In: U. Beck/A. Giddens/ S. Lash, Reflexive Modernisation. Polity Press. Cambridge 1994, p. 119 **8.** Hardt/Negri, loc. cit., p. 290 **9.** For more detailed information on the development of service economies and the definition of services see: E. Kremer, What are services? On the transformnation of services and the urban fabric. Visit: www.bauhaus-dessau.de/kolleg/servecity/download.php, p. 2f.; and R. Stein, Sydney Globalizing: A World City in National, Pacific Asian and International Context. Report for the Bauhaus Kolleg. Berlin, July 2002, at www.bauhaus-dessau.de/kolleg/servecity/download.php, p. 8f. **10.** U. Beck, Das Zeitalter der Nebenfolgen und die Polarisierung der Moderne. In: Beck/Giddens/Lash, Reflexive Modernisierung. Frankfurt am Main 1996, p. 26 and p. 40 **11.** Ibid., p. 38. Beck thus makes a distinction between his theoretical concept and «simple theories of modernisation» that adhere to linear concepts of the modernisation of industrial society. Among these he includes the theories of post-industrialism, especially those of J. Fourastié and D. Bell, from whom the use of the term «post-industrial service society» originates. According to Beck, these theories limit the horizon of possible social futures «to a shift in focus from the industrial to the service sector» and thus do not «adequately incorporate the dimensions of structural change at the end of the 20th and the beginning of the 21st century». Cf. Kremer, loc. cit., p. 3f. **12.** U. Beck, Wissen oder Nicht-Wissen? Zwei Perspektiven «reflexiver Modernisierung». In: Beck/Giddens/Lash, Reflexive Modernisierung. Frankfurt am Main 1996 p. 289; S. Lash, Expert-systems or Situated Interpretation? Culture and Institutions in Disorganized Capitalism. In: Beck/Giddens/Lash, Reflexive Modernisation. Polity Press. Cambridge 1994, p. 198 **13.** A. Giddens, Risk, Trust, Reflexivity. In: Beck/Giddens/Lash, loc. cit., p. 184f. Giddens says nothing at this juncture about what new forms of social solidarity might be involved. However, he does state that they can no longer be categorised on the old dichotomy between «community» and «association», between «mechanical» and «organic» solidarity. As examples of new social arrangements he refers to self-help groups that are at once localized and truly global in their scope as well as to intimate relationships that are kept going over great distances. **14.** Ibid, p. 187 **15.** Ibid, p. 185 **16.** H. Bude, Wer glaubt noch an den deutschen Sozialstaat? In: prisma, das publik magazin, University of Kassel, Number 2, June 2003, Volume 1, p. 1 **17.** K. Jurczyk/G. Voß, Entgrenzte Arbeitszeit – Reflexive Arbeitszeit. In: Hildebrandt (Ed.), loc. cit., p. 165 **18.** M. Wiedemeyer, Between Burnout and Dropout – Working Life: A Work of Art? At: www.bauhausdessau.de/ kolleg/servecity/download.php, p. 13. **19.** Jurczyk/Voß, loc. cit., p. 165f. **20.** Ibid., p. 166 and p. 168 **21.** Hildebrandt et al., loc. cit., p. 26 **22.** Ibid., p. 27f. **23.** Cf., for example, K. Jurczyk/M. Rerrich (Eds.), Die Arbeit des Alltags. Beiträge zu einer Soziologie alltäglicher Lebensführung. Freiburg im Breisgau 1993 **24.** F. Kleemann/ G. Voß, Telearbeit und alltägliche Lebensführung, at: www.tu-chemnitz.de/phil/soziologie/voss/aufsaetze/- ta_alf.doc, p. 5; and S. Steets, Times and spaces of knowledge-workers. Study commissioned by the Bauhaus Dessau Foundation, July 2002, at: www.bauhaus-dessau.de/kolleg/servecity/download.php, p. 13 **25.** Hildebrandt et al., loc. cit., p. 29 **26.** Cf.. K. Brumder/S. Steets, Bauhaus Kolleg III «Serve City», 1st Term. Brochure, at: www.bauhaus-dessau.de/kolleg/servecitydownload.php; Steets 2002, loc. cit. **27.** D. Ahrens/ A. Gerhard/K. H. Hörning, Die Umkehrbarkeit der Zeit. Inszenierungspraktiken von Technik und Zeit. In: P. Noller/W. Prigge/K. Ronneberger (Eds.), Stadt-Welt. Frankfurt am Main/New York 1994, p. 172f. **28.** Steets 2002, loc. cit., p. 21 **29.** Ibid., p. 11 **30.** Ibid., p. 22 **31.** Ibid., p. 23 **32.** R. Sennett, The Corrosion of Character. The Personal Consequences of Work in the New Capitalism. New York/London 1998 **33.** Ibid., p. 24 **34.** Ibid., e.g. p. 25ff. **35.** Ibid., p. 27 **36.** Kremer, loc. cit., p. 11 **37.** Kleemann/Voß, loc. cit. **38.** Hardt/Negri, loc. cit., pp. 290 and 294. **39.** Lash, Reflexivity and its Doubles: Structure, Aesthetics, Community. In: U. Beck/ A. Giddens/S. Lash, Reflexive Modernisation. Polity Press. Cambridge 1994, p. 121 **40.** Cf. Steets, loc. cit., p. 27; and Kremer, loc. cit., p. 6 **41.** U. Matthiesen/H. J. Bürkner, Wissensmilieus – Zur sozialen Konstruktion und analytischen Rekonstruktion eines neuen Sozialraum -Typus. In: Stadtregion und Wissen. Analysen und Plädoyers für eine wissensbasierte Stadtpolitik. Leske + Budrich. (to be published shortly), 2003, p. 4ff.

SERVE CITY

INTERAKTIVE DIENSTLEISTUNGSSTADT INTERACTIVE SERVE CITY

WILFRIED HACKENBROICH

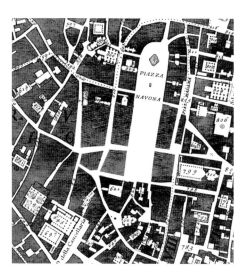

Nollis Karte von Rom Nolli´s map of Rome — Giovanni Battista Nollis Karte zeigt Rom Mitte des 18. Jahrhunderts. Private Gebäude sind dunkel dargestellt und stehen den öffentlichen Innen- und Außenräumen gegenüber. — Giovanni Battista Nolli's map shows Rome in the mid-eighteenth century. The dark private buildings contrast with the external and internal public spaces.

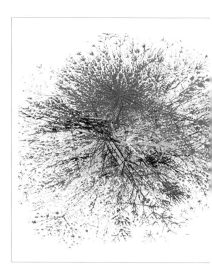

Weltweite Internet-Verbindungen Worldwide web conn⋯

Am Beispiel der Lebensführung einer neuen Dienstleistungselite, den «Wissensarbeitern», stellt die vorliegende experimentelle Studie denkbare architektonische und städtebauliche Konsequenzen dar, die sich aus der Nutzung der neuen Informations- und Kommunikationstechnologien (ICTs[1]) ergeben. Sie untersucht mögliche Wechselwirkungen zwischen ICTs und den Stadtstrukturen von Suburbia und wirft Fragen nach den Zielen und Methoden von Stadtplanung auf. Aus den Erkenntnissen haben wir eine städtebauliche Strategie für ein neues Service-Areal in Sydney entwickelt. Die Informations- und Kommunikationstechnologien dienen dabei als ein maßgeblicher Planungsfaktor. This experimental study uses the lifestyle of a new service elite – knowledge workers – to illustrate some of the consequences for architecture and urban development that might arise from the use of the new information and communication technologies (ICTs). It examines possible forms of interaction between ICTs and suburban structures and raises questions about the objectives of urban planning and the methods employed to achieve them. We used our findings to draw up an urban development strategy for a new services area in Sydney, Australia. The information and communication technologies were an influential factor in planning.

Verbundene Stadt Connected city

1. Information and Communication Technologies (Informations- und Kommunikationstechnologien). In diesem Text wird das englische Akronym (ICT bzw. ICTs) verwendet.

WISSENSARBEITER
KNOWLEDGE WORKERS

INDUSTRIAL KNOWLEDGE WORKER	
PRIVATE	BUSINESS

KNOWLEDGE WORKER (EMPLOYEE)	
PRIVATE	BUSINESS

NUTZUNG VON ICT
USE OF ICT

Im ersten Trimester des Bauhaus Kollegs III «Serve City» haben Silke Steets und Kayt Brumder mittels einer qualitativen Erhebung die Tagesabläufe von Wissensarbeitern untersucht.[2] Anhand von Tätigkeitsplänen und Online-Interviews erforschten sie deren tägliche Aktivitäten und die damit verbundenen Nutzungen von Technologie, Raum und Dienstleistungen. Wir haben die alltägliche Lebensführung zweier zeitgenössischer Wissensarbeiter visualisiert und sie dem typischen Tagesablauf eines leitenden Industrieangestellten in den 1950er Jahren gegenübergestellt. Alle drei Tagesabläufe sind in berufliche und private Aktivitäten untergliedert und entlang einer 24-Stunden-Zeitachse dargestellt. Die Tagesprotokolle der beiden Wissensarbeiter zeigen auch die jeweilige Nutzung von ICTs und Dienstleistungen entsprechend den Erhebungsergebnissen von Steets und Brumder. — During the first term of the Serve City project undertaken by the Bauhaus Kolleg III «Serve City» , Silke Steets and Kayt Brumder carried out a qualitative survey of the daily routines of knowledge workers.[2] Using time sheets and on-line interviews, they examined the workers' daily activities and the use they made of technology, space and services. The conduct of everyday life of two contemporary knowledge workers was visualised and contrasted with the typical daily routine of an industrial executive in the 1950s. All three daily routines were divided up into professional and private activities and depicted on a 24-hour axis. The daily logs of the two knowledge workers show their use of ICTs and services as recorded in the survey carried out by Steets and Brumder.

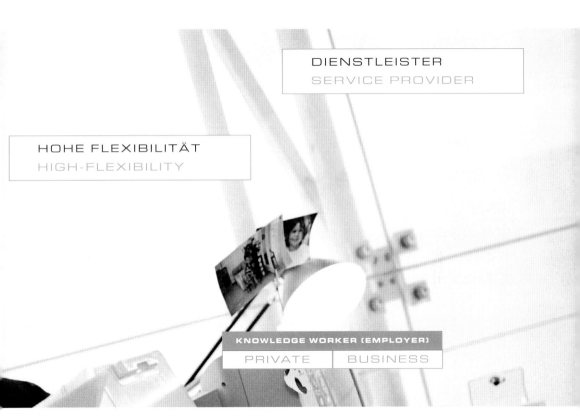

DIENSTLEISTER
SERVICE PROVIDER

HOHE FLEXIBILITÄT
HIGH-FLEXIBILITY

KNOWLEDGE WORKER (EMPLOYER)
PRIVATE | BUSINESS

2. Serve City 1st Trimester, http://www.bauhaus-dessau.de/kolleg/servecity/download.php; vgl. hierzu auch den Beitrag von R. Sonnabend im vorliegenden Band, S. 35 Cf. the contribution by R. Sonnabend in this book, p. 45

Wissensarbeiter Knowledge workers — Wissensarbeiter sind Pioniere einer flexibilisierten Lebensführung, die für den Wandel der Arbeit und das Verhältnis von Arbeit und Leben in der kapitalistischen Gesellschaft paradigmatisch wird. Für die These, dass sie eine Vorreiterfunktion erfüllen, machen wir drei Gründe geltend. — Knowledge workers are pioneers of a conduct of everyday life that is characteristic of the changes that are affecting work and the relationship between working and living in capitalist society. There are three reasons for our assertion that these workers play a pioneering role.

NUTZUNG VON ICT
USE OF ICT

HOHE FLEXIBILITÄT
HIGH-FLEXIBILITY

DIENSTLEISTER
SERVICE PROVIDER

Nutzung von ICT Use of ICT — Wissensarbeiter nutzen die aktuellsten ICTs. Sie können sich diese leisten und sie bedienen. Sie sind die Ersten, die ihr Leben grundlegend auf die mit diesen Technologien verbundenen Veränderungen und Optionen einstellen. Wir gehen davon aus, dass sich eine solche Intensität der ICT-Nutzung für viele Menschen in den industrialisierten Ländern zunehmend als Standard durchsetzen wird. — Knowledge workers use cutting-edge ICTs, which they can afford and know how to operate. They are the first to fully adapt their lives to the changes and options generated by these technologies. We assume that their extensive use of ICTs will increasingly become the norm for more and more people in industrialised countries.

Hohe Flexibilität High-flexibility — Wissensarbeiter agieren in jedem Bereich ihres Lebens auf einem sehr hohen Flexibilitätsniveau. Ihr Arbeitsplatz, ihre beruflichen Aufgaben, ihr täglicher Rhythmus, alles ist Gegenstand ständiger Veränderungen. Diese Flexibilisierung des Arbeitens und Lebens wird für viele Gruppen der Erwerbsbevölkerung immer maßgeblicher, und sie hat massive Auswirkungen auf die Zeiten und Räume der Stadt. — Knowledge workers are highly flexible in every aspect of their lives. The places where they work, the jobs that they do and the rhythms of their daily lives are all subject to constant change. This increased flexibility at work and in everyday life will increasingly become standard practice for many sectors of the workforce and will have a huge impact on the city's times and spaces.

Dienstleister Service provider — Wissensarbeiter führen sehr avancierte Formen hoch qualifizierter Dienstleistungsarbeit in der Wissensgesellschaft aus. Sie müssen jeden Tag aufs Neue die erforderlichen Problemlösungen finden und gleichzeitig mit der Ungewissheit von Wissen umgehen. Die wachsende Bedeutung von Wissen für die Produktivität moderner Dienstleistungsökonomien legt es nahe, dass auch die städtischen Lebens- und Arbeitsbedingungen von Wissensarbeitern für ein große Anzahl von Unternehmen und Branchen an Bedeutung gewinnen. — Knowledge workers provide highly qualified services at very advanced levels in the knowledge society. Day by day they have to come up with the requisite solutions to problems, while at the same time wrestling with the uncertainty of knowledge. The growing significance of knowledge for the productivity of modern service economies is an indication that the urban living and working conditions of knowledge workers are becoming increasingly important for a large number of companies and sectors of the economy.

ablauf eines leitenden Industrieangestellten in den 1950er Jahren dient als Kontrastfolie, die uns hilft, die wesentlichen Veränderungen in der Lebensführung heutiger Wissensarbeiter, den Vorreitern postmoderner Lebens- und Arbeitsweisen, zu erkennen. Der Industrieangestellte ist eng mit dem Firmennetzwerk verbunden, das sein ganzes Leben bestimmt. Berufs- und Privatleben werden strikt getrennt. Der Beginn, die Pausen und das Ende des Arbeitstags sind festgelegt, die Arbeitsaufgabe ist klar definiert. Das Privatleben findet in der Freizeit statt; Überlagerungen sind kaum vorhanden. Die räumlichen Funktionen sind entsprechend der jeweiligen Nutzung/Aktivität klar getrennt. Das Privatleben ist stark auf die physischen Orte und Dienstleistungsangebote der Stadt bezogen (Geschäfte, Banken, Post). — The daily routine of a managerial employee in the 1950s provides a contrast that enables us to recognise the main changes that have occurred in the lifestyles of today's knowledge workers, who are the pioneers of post-modernist modes of living and working. The managerial employee is closely integrated into the company network, which determines his whole life. His professional and private lives are strictly separated. The start and the end of his working day are fixed, as are the breaks in between, and the job he has to do is clearly defined. His private life takes place during his leisure hours. It is rarely the case that his professional life and his private life overlap. The spatial functions are clearly separated and match the respective use or activity. His private life is focused very much on the physical locations and the services he needs in the city (shops, banks, post office).

PRIVATE

1— waking up 2— getting dressed 3— having breakfast 4— taking the bus to work

public transport

home city

| 6.00 a.m. | 7.00 a.m. | 8.00 a.m. | 9.00 a.m. | 10.00 a.m. | 11.00 a.m. | 12.00 a.m. | 1.00 p.m. | 2.00 p.m. | 3.00 p. |

office

tele comm

tele comm

1— start working 2— morning break 3— resuming working 4— lunch break 5— resuming working 6— Team meeting 7-

Klar abgetrennter und festgelegter Arbeitsabschnitt ohne private Aktivitäten Clearly separated and predetermined working period without any private issues

BUSINESS

59

5– taking the bus home 6– making telephone calls 7– listen to the radio 8– having dinner 9– watching TV 10– going to bed

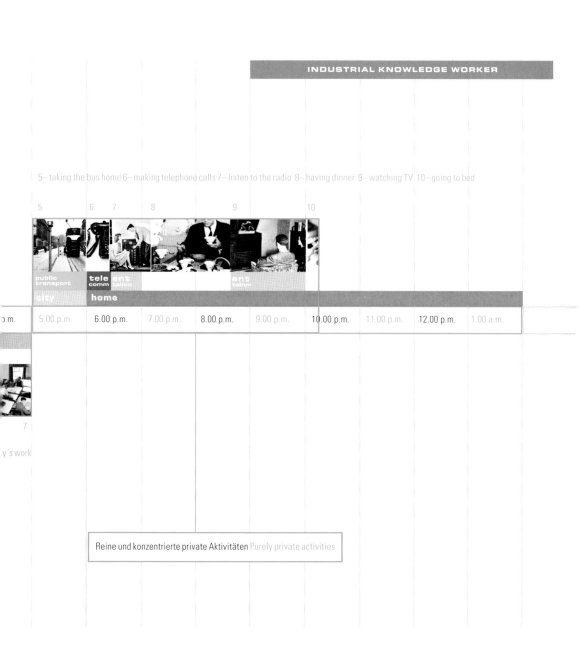

| | 5.00 p.m. | 6.00 p.m. | 7.00 p.m. | 8.00 p.m. | 9.00 p.m. | 10.00 p.m. | 11.00 p.m. | 12.00 p.m. | 1.00 a.m. |

y´s work

Reine und konzentrierte private Aktivitäten Purely private activities

Tagesablauf eines angestellten Wissensarbeiters Daily routine of a knowledge worker (employee) Für don Tagesablauf des angestellten Wissensarbeiters gelten immer noch einige der Merkmale des Industrieangestellten aus den
1950er Jahren. So wird die meiste Arbeit weiterhin in den Firmenräumen und innerhalb einer Kernarbeitszeit erbracht.
Dennoch lässt sich eine Veränderung erkennen, zum Beispiel in der Überlagerung von beruflichen und privaten Aktivitäten
am Arbeitsplatz. Die ICTs gestatten es, mit dem Privatleben in Verbindung zu bleiben, es zu organisieren und zu synchroni-
sieren, während man arbeitet. Bei der Erledigung der beruflichen Aufgaben fällt die parallele Ausübung unterschiedlicher
Tätigkeiten auf, die durch ICT ermöglicht werden. — Some of the rules just referred to in the daily routine of the managerial
employee of the past correspond to today's salaried knowledge worker. He continues to do most of his work on the company's premises during a core time. Nevertheless, changes are visible, for instance in the overlapping of his professional
and private activities at the workplace. ICT enable him to keep in touch with, organise and synchronise his private life
from the workplace. A striking feature of his professional environment is his capacity to engage in several parallel activities,
thanks to the use of ICT.

PRIVATE

1– wake up in the boarding house of a friend   2– having a shower, drinking tea, getting dressed, getting to the bus 3– getting food in
a bakery 4– checking e-mails 5– writing e-mails 6– reading e-mail, writing e-mail, reply to an e-mail 7– talking to a friend, getting a
colleague to order lunch 8– playing some mp3 music 9– lunch time 10– going to the toilet

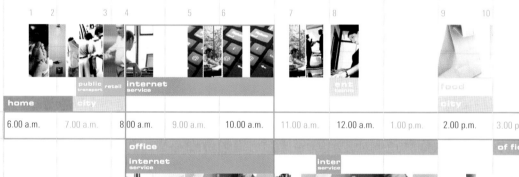

| 6.00 a.m. | 7.00 a.m. | 8 00 a.m. | 9.00 a.m. | 10.00 a.m. | 11.00 a.m. | 12.00 a.m. | 1.00 p.m. | 2.00 p.m. | 3.00 p. |

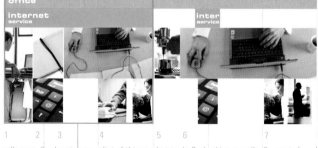

1– checking e-mail & talking to a colleague 2– drawing up a list of things what to do & checking e-mails 3– started work on a product,
writing an outline 4– taking a call, talking to a friend 5– tea break 6– computer work, writing a brief outline of a different product
7– helping a colleague, selecting a colour combination for an article he wrote yesterday 8– talking to a colleague 9– discussing
a product 10– computer work 11– taking a phone call, talking to the marketing boss 12– working on the document

Überschneidung von privaten und beruflichen Aktivitäten mit Hilfe von ICT Overlapping of private and professional tasks with help of ICT

BUSINESS

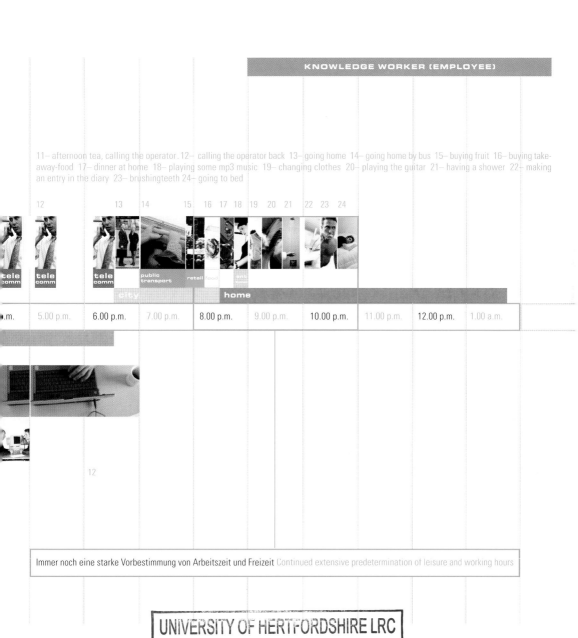

KNOWLEDGE WORKER (EMPLOYEE)

11– afternoon tea, calling the operator. 12– calling the operator back 13– going home 14– going home by bus 15– buying fruit 16– buying take-away-food 17– dinner at home 18– playing some mp3 music 19– changing clothes 20– playing the guitar 21– having a shower 22– making an entry in the diary 23– brushingteeth 24– going to bed

| 12 | | 13 | 14 | 15 | 16 | 17 | 18 | 19 | 20 | 21 | 22 | 23 | 24 |

| tele comm | tele comm | tele comm | public transport | retail | food | | | | | | | | |

city | home

| .m. | 5.00 p.m. | 6.00 p.m. | 7.00 p.m. | 8.00 p.m. | 9.00 p.m. | 10.00 p.m. | 11.00 p.m. | 12.00 p.m. | 1.00 a.m. |

12

Immer noch eine starke Vorbestimmung von Arbeitszeit und Freizeit Continued extensive predetermination of leisure and working hours

Wissensarbeiterin zeigt die am radikalsten veränderte Form der Lebensführung. Sie entspricht auch am ehesten dem Stereotyp des mobilen Arbeiters. Die Verschränkung von Beruf und Privatleben ist bei ihr so stark ausgeprägt, dass diese beiden Sphären fast nicht mehr zu trennen sind. In unserem Fall verfügt die Arbeitgeberin über drei Aktivitätsorte, ihr Privathaus, ihr Büro und ein weiteres privates Haus am Rand der Stadt. An jedem der drei Aufenthaltsorte ist die gleiche technische Ausstattung installiert, sie schafft Zugang zu allen relevanten Informationen. Nicht nur die privaten und beruflichen Aktivitäten sind über den Tag hinweg verwoben, auch die Orte und die Technologie sind unterschiedslos Medium für beides: Arbeit und Privatleben. Es gibt keine Kernarbeitszeit, keinen ausschließlichen Arbeitsplatz und keine ausschließliche Freizeit mehr. — The self-employed knowledge worker experiences the most radical changes in her conduct of everyday life and accords best with the stereotype of extreme mobility. Her professional and private lives are so closely interwoven that it is virtually impossible to separate them. In this particular case the employer has three operational locations – her office, her private house and another house on the outskirts of the city. The same technical equipment is installed at all three locations, thus giving her access to all the information she needs. It is not only her private and professional tasks that blend during the course of the day. The locations and the technology are likewise used indiscriminately for both work and private purposes. There is no core work time anymore, no single workplace and no explicit leisure time.

PRIVATE

1– waking up 2– showering 3– walking in the park 4– breakfast 5– reading the newspaper 6– opening and sorting e-mails 7– reading newsletters and e-zines 8– driving to the office 9– travel to office by car 10– reading the mail 11– having lunch 12– visiting the bank 13– driving home by car 14– shopping: books at the newsagent's, computer hardware store, chemist's

| 6.00 a.m. | 7.00 a.m. | 8.00 a.m. | 9.00 a.m. | 10.00 a.m. | 11.00 a.m. | 12.00 a.m. | 1.00 p.m. | 2.00 p.m. | 3.00 p. |

1– opening and sorting e-mails 2– reading and replying to business e-mails 3– reading newsletters and e-zines 4– reading the mail 5– staff meeting 6– phone calls 7– phone calls

| Tägliche Routine Daily routine | Sehr intensive Vermischung von privaten und beruflichen Aufgaben Very intensive intermingling of private and professional tasks | Arbeiten an drei verschiedenen Orte Working at three different locations |

BUSINESS

KNOWLEDGE WORKER (EMPLOYER)

15– opening and sorting e-mails, reading and replying to personal e-mails 16– reading e-zines 17– reading letters 18– studying ms.net 19– watching the news on TV 20– having dinner 21– watching TV 22– reading e-mails 23– studying ms.net 24– view News on TV 25– studying ms.net 26– reading e-mails 27– going to bed

16 17 18 19 20 21 22 23 24 25 26 27

net info study **infotain** ment inter study service **infotain** ment computer **work** **internet** service

e + office

p.m. 5.00 p.m. **6.00 p.m.** 7.00 p.m. **8.00 p.m.** 9.00 p.m. **10.00 p.m.** 11.00 p.m. **12.00 p.m.** 1.00 a.m.

home + office **home + office** **home + office**

internet service info study inter study service **tele** service computer **work** **internet** service **internet** service

8 9 10 11 12 13 14 15 16 17 18 19 20

8– reading e-zines 9– writing reports 10– paying bills accounts 11– reading letters 12– study ms.net 13– reading e-mail 14– study ing ms.net 15– phoning the U.K. 16– phoning Singapore 17– phone with Hong Kong 18– studying ms.net 19– watching an internet video-conference 20– reading emails

ommunikation mit den Angestellten findet hauptsächlich über E-Mail und on statt. Communication with employees is mostly by e-mail and phone

Praxis des Multi-Tasking
Practice of multi-tasking

Arbeiten in verschiedenen Zeitzonen
Working in different time zones

Urbanes Netzwerk – Städtebauliche Planungsmethode Urban networking – urban planning method — «Die Stärke des Netzwerkes steigt exponentiell mit der Anzahl der Computer, die verbunden sind. Jeder Computer, der zum Netzwerk hinzugefügt wird, nutzt dieses als Ressource und stellt gleichzeitig Ressourcen zur Verfügung, in einer Spirale steigenden Wertes und wachsender Wahlmöglichkeit.»[3] Ein städtebaulicher Vorschlag kann nicht als geschlossenes System betrachtet werden, vielmehr ist er als Teil einer umfassenderen Einheit zu verstehen. Er muss also eher als Knotenpunkt oder «hub» innerhalb eines größeren Netzwerkes konzipiert werden. Neben Infrastrukturnetzwerken werden vor allem neue Informations- und Kommunikationsnetzwerke an Bedeutung gewinnen. Für den städtebaulichen Planungsprozess heißt das, dass wir diese Netzwerke und ihre Mechanismen analysieren und verstehen müssen. Ihre Qualitäten und Effekte gehen über die physischen und funktionalen Parameter der bisherigen, traditionellen Netzwerke hinaus. Daher müssen wir die Kriterien unserer Beobachtung erweitern. — «The power of the network increases exponentially by the number of computers connected to it. Therefore, every computer added to the network both uses it as a resource while adding resources in a spiral of increasing value and choice».[3] An urban development cannot be regarded as a self-contained system but should be seen rather as part of a larger entity. In other words, it should be regarded as a nodal point or hub within a larger network. New information and communication networks will become more important. Urban planners will, therefore, have to analyse and understand these networks and the way they work. The qualities and effects of these new networks extend beyond the physical and functional parameters we are familiar with from the traditional infrastructure networks. This explains why we have to extend the criteria for our observations.

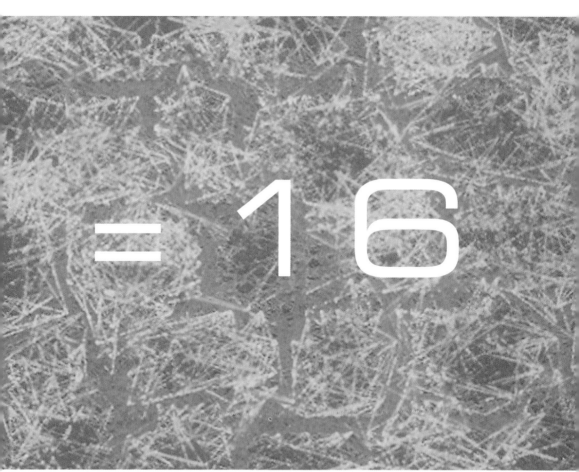

Metcalfe's Gesetz: 2 + 2 = 16 Hintergrund links: Computeranimation der Gehirnstruktur im Ruhezustand; Hintergrund rechts: Computeranimation der Gehirnstruktur im aktiven Zustand — Metcalfe's Law: 2 + 2 = 16 Background left: computer animation of the brain when at rest; background right: computer animation of the brain when active

3. «Metcalfe's Law» von by Robert M. Metcalfe, Ph.D., http://jamesthornton.com/theory/theory?theory_id=14

Verbindungen Connections — Angesichts der aktuellen Beobachtungen zu den beruflichen Anforderungen und der alltäglichen Lebensführung von Wissensarbeitern als Vorreitern eines neuen Arbeitskrafttypus im flexiblen Kapitalismus scheint die einzig sichere Aussage, die wir hinsichtlich zukünftiger Lebens- und Arbeitsbedingungen machen können, die, dass die tatsächlichen Bedingungen nicht präzise zu prognostizieren sind. Das heißt nicht, dass wir für diese Bedingungen nicht planen können oder dass wir tradierte Planungsmethoden einfach fortschreiben sollten. Aus den dargestellten Veränderungen der Arbeitsorganisation in der wissensbasierten Dienstleistungsökonomie ergeben sich drei wesentliche Punkte für die Planung: eine massive Flexibilisierung der urbanen Nutzungsmuster, ein steigender Bedarf an Verbindungen und Zugängen zu unterschiedlichen urbanen Netzwerken und die Notwendigkeit einer größeren Dichte urbaner Dienstleistungen. Die Planungsstrategie muss deshalb drei wesentliche Aspekte beachten: Sie muss Netzwerkbildungen unterstützen, Zugang zu ICTs schaffen und die Entwicklung programmatischer Optionen ermöglichen.

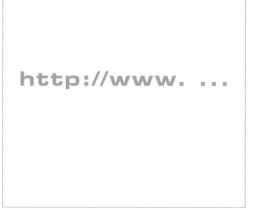

Infrastrukturelle Verbindungen Infrastructural connections — Die Infrastruktur muss weiterhin in den städtebaulichen Planungsprozess mit einbezogen werden, sowohl bei der Analyse als auch im Entwurf. — The infrastructure will still have to be included in the urban planning process at both the analysis and the planning stage.

Online-Verbindungen On-line connections — Die Online-Verbindungen oder das «Anzapfen» von ICT-Netzwerken müssen bei der städtebaulichen Planung mit berücksichtigt werden. Die Analyse von existierenden Netzwerken und das Entwerfen von relevanten Verbindungen werden wichtig. Es geht weniger um den Zugang zu Informationen überhaupt als vielmehr um den Zugang zu den richtigen Informationen. Das heißt, wir müssen in der Planung über Informationsfilter nachdenken und ein Umfeld herstellen, in dem der Nutzer die Informationen erhält, die er wirklich benötigt. — Urban planning will have to take account of on-line connections and access to ICT networks. Importance will be attached the the analysis of existing networks and the design of relevant connections. It is not so much a question of access to information per se as access to the right information. This means that consideration has to be given to information filters in planning and an environments in which the user receives the information he really needs.

— In view of the observations about the professional demands made on knowledge workers and the way in which they conduct their everyday lives as pioneering examples of a new type of worker in the world of flexible capitalism, it would appear that the only sure statement we can make about future living and working conditions is that it is impossible to make an exact forecast of what they will really be like. This doesn't mean that we cannot cater for such conditions or that we should simply continue using traditional approaches to planning. Based on the discribed changes that have taken place in the organisation of work in the knowledge-based services economy, three key points emerge that affect planning. There is a far higher degree of flexibility in urban use patterns, a growing requirement for connections and access to different urban networks, and the need for a denser network of urban services. Planning strategy, therefore, has to take three important aspects into account. It must support networking, provide access to ICTs and permit programmatic options.

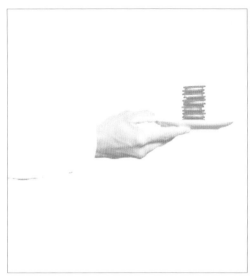

Wissensverbindungen Knowledge connections — Es ist wichtig, einen Rahmen herzustellen, der Wissen und Möglichkeiten des Wissenszugangs generiert. Verbindungen zu wichtigen Institutionen und Firmen sind entscheidend. — It is crucial to provide a framework in which knowledge can be generated and opportunities provided to access knowledge. Connections with important institutions and companies are essential.

Dienstleistungsverbindungen Service connections — Dienstleistungen sind zur Grundlage für urbanes Leben und Arbeiten geworden. Bereits heute sind die Verbindungen zu Dienstleistungssystemen für die städtebauliche Planung so wichtig wie die physische Infrastruktur selbst. — Services have become the basis for life and work in the city. Connections with service systems are already as important for urban planning as the physical infrastructure itself.

— Die Informations- und Kommunikationstechnologien führen nicht nur zu veränderten Anforderungen an die Stadt, sie eröffnen auch neue Möglichkeiten zur Umgestaltung des Planungsprozesses und der städtischen Struktur. Die Planung kann vielfältigere Vorschläge zur Entwicklung eines städtischen Quartiers anbieten, ohne vor der paradoxen Forderung zu stehen, eine nicht vorhersehbare Entwicklung determinieren zu müssen. Gleichzeitig ermöglichen die neuen ICTs für den Projektentwickler eine präzisere Planung mit geringerem Risiko hinsichtlich der Marktakzeptanz. — ICTs not only change the demands made on the city; they also open up new opportunities to reorganise the planning process and the urban fabric. Planners can offer more diverse possibilities for the development of an urban neighbourhood without having to confront the paradoxical requirement of determining unforeseeable developments. At the same time, the new ICTs enable the project developer to plan more precisely and with less risk in terms of market acceptance.

http://www.planning.com

Planungswerkzeuge Planning tools — Der Prozess der dynamischen Planung soll die Kommunikation zwischen Entwerfern und individuellen Bauherren erweitern. Die beiden wichtigsten Aspekte hierbei sind die Ausarbeitung von Entwurfvorschlägen und die Implementierung einer Co-Autorenschaft, die mittels ICT in neuer Weise möglich wird. Anstelle von reaktiven Planungen, die Vorgaben des Bauherren interpretieren, erlauben es digitale Werkzeuge, Angebote zu machen, die von den Bauherren ausgewählt und nach ihren eigenen Bedürfnissen und Vorstellungen mit- und weiterentwickelt werden. Eine solche Methode erweitert die bisherige Form der Planung, die meist nur marginale Veränderungen zulässt. — The dynamic planning process aims to extend communication between the designer and the client. The two main aspects here are the elaboration of design proposals and the use of new co-design tools that ICTs make possible. In contrast to planning in response to the client's wishes, digital tools create offers to be made that can be selected by the client and co-designed to suit his personal needs and wishes. An approach of this kind lends an added dimension to the customary form of planning, which generally only leaves room for marginal alterations.

Projektwerkzeuge – Der Raum als Filter Project tools – location as a filter — Die Integration der neuen Informations- und Kommunikationswerkzeuge in das städtebauliche Projekt erweitert die Möglichkeiten städtischer Bedingungen. Ortsbezogene Informationen, wie sie durch das Mobiltelefon und GPS («global positioning system») möglich werden, gestatten es, städtische Räume mit spezifischen, also gefilterten Informationen zu verbinden. Durch ortsbezogene Informationen können neue Formen städtischer Territorien und gemeinschaftlicher Kommunikation generiert werden, sie setzen neue Aktivitäten frei. — The use of the new ICT tools in urban projects expands the potential for the development of cities. Location-based information of the kind that is made possible by the use of mobile phones and the global positioning system (GPS) enable urban spaces to be connected with specific – i.e. filtered – information. Location-based information can generate new kinds of urban territories and community communication and new possiblities of actions are provided.

Programmatische Optionen – Planung des Unvorhersehbaren Programmatic options – planning the unpredictable — Die Planung städtischer Programme kann nicht mehr im traditionellen Sinne determiniert werden. Anforderungen verändern sich schneller, und Programme wechseln ihre Prioritäten. Ein suburbanes Quartier kann sich hin zu einer Mischung aus Wohnen und Arbeiten mit einem hohen Anteil an Wissensarbeit entwickeln oder hin zu Nutzungen wie Einzelhandel, Kultur und konsumtive Dienstleistung. Wir sehen die aktuelle Herausforderung darin, ein Umfeld zu schaffen, das sich einfach anpassen lässt und sich mit entwickelt. Unsere Strategie, die erforderliche städtebauliche Flexibilisierung zu erreichen, ist die Entwicklung einer Architektur, in der die «Software» sich verändert und das Gebäude einen permanenten Rahmen für diese Veränderung bietet, den die Nutzer mit dem füllen, was sie benötigen. Ein grundsätzliches Prinzip der Planung des Unvorhersehbaren ist es also, vielfältige Wahlmöglichkeiten bereitzustellen. — The planning of urban programmes can no longer be carried out along traditional lines. Requirements are changing at greater speed and programmes are shifting their priorities. A suburban neighbourhood might be transformed into a mixed-used area with a high percentage of knowledge work. It could equally well be changed into an area with shops, entertainment facilities, cafés and restaurants. We regard the present challenge as being to create an environment that can be readily adapted and developed. Our strategy of achieving the requisite degree of urban flexibility is to develop an architecture in which the «software» changes, while the building itself offers a permanent framework for the changes, thus allowing the users to put whatever they wish into it. A fundamental principle in the planning of the unforeseeable is to incorporate a range of different choices.

Planung der Transformation Planning transformation — Uns scheint die Planung von Gebäuden mit flexibler «Software» die weitgehendsten Möglichkeiten in Aussicht zu stellen. Die einzelnen Funktionstypen einer städtischen Struktur können diese Aufgabe in vielfältiger Weise erfüllen, so dass wir ein System der transformierbaren Nutzung im städtischen Kontext entwickeln müssen. — It seems to us that planning buildings using flexible «software» holds out the best prospects. The different types of function that make up the urban fabric can meet this requirement in a variety of ways, which means that we need to develop a system of transformable use within the urban context.

Vielfalt generieren Generating diversity — Die Individualisierung der Lebensstile ist eine weitere grundlegende Veränderung in unserer Gesellschaft. Unterschiedliche Arten der Lebensführung und persönlichen Selbstdarstellung erfordern eine große Bandbreite an Wahlmöglichkeiten. Dies sollte nicht nur als Problem für den Immobilienmarkt und die kommunale Planung angesehen werden. Individualisierung eröffnet auch die Chance, die aus ihr resultierende Diversifizierung für eine neue Form des städtischen Umfelds zu nutzen. — The individualisation of lifestyles constitutes another fundamental shift in modern society. Different ways of living and promoting one's personal image necessitate a wide range of choice. This should be seen not just as a problem for the real estate market and municipal planners but also as an opportunity to exploit the resulting diversity to create a new form of urban environment.

TYPOLOGIEN TYPOLOGIES

IP-6

INFORMATION PROVIDER

WIE STELLEN WIR IM
STÄDTISCHEN RAUM
INFORMATIONEN BEREIT?

UG-5

URBAN GENERATOR

WIE ERZEUGEN WIR
URBANITÄT?

SP-4

SPACE PROVIDER

WIE STELLEN WIR STÄDTISCHEN
FREIRAUM BEREIT?

FELDTYPOLOGIEN FIELD TYPOLOGIES

ACCESS-SPACE PROVIDER

WIE STELLEN WIR IM
ÖFFENTLICHEN RAUM
«PRIVATEN» SERVICERAUM
BEREIT?

WORK-STATION (+)

WELCHE PLATTFORM GEBEN
WIR DER ARBEIT?

LIVING TRANSFORMER (+)

WIE TRANSFORMIEREN WIR DAS
WOHNEN?

OBJEKTTYPOLOGIEN OBJECT TYPOLOGIES

Information Provider Information provider — Der Information Provider ist ein Kommunikationsterritorium für Anwohner, die direkte Nachbarschaft und andere Nutzer. Diese Territorien sind temporär und flexibel; sie bilden eine zusätzliche Schicht über dem städtischen Gewebe, die zu Aktivitäten stimuliert. Die Kombination der drahtlosen Kommunikations-technologie mit dem globalen Positionssystem (GPS) ermöglicht es jedem, spezifische auf den Raum bezogene Informatio-nen zu hinterlassen. Neben der gewerblichen Nutzung werden die Informationsterritorien besonders für individuelle und private Nutzungen eingesetzt. Sie erlauben einen fließenden Übergang im Gebrauch: von der privaten Nutzung bis zu geschäftlichen und wirtschaftlich tragfähigen Nutzungen. Dienstleistungen werden in Form von Informationszonen ange-boten, und individuelle Informationsbedürfnisse können ohne Aufwand verfolgt werden. Eine freizeitorientierte Kommu-nikation erweitert die Möglichkeiten der Begegnung und der Organisation von gemeinsamen Interessen. — The Information Provider is a communication area for residents, immediate neighbours and other users. Areas of this kind are temporary and flexible; they form an additional layer over the urban fabric that stimulates activities. The combination of wireless communication technology with the global positioning system (GPS) enables anyone to post information relevant to the location. Apart from business-related uses, the information areas are especially be used for individual and private purposes. They facilitate a smooth transition from private activities to business and commercially viable activities. Services are provided in the form of information zones or urban «post-it» zones, where individual information needs can be satisfied without any great effort. Leisure-related communication areas, enhance the opportunities for encounters and the organi-sation of common interests.

Warum Information Provider? – Stell dir vor, du kannst einen Blind Date haben, wenn du nicht daran denkst ... — Why an Information Provider? – Just imagine you could have a blind date when you're not even thinking about one...

Größe: von zehn Quadratmetern bis zu einigen Quadratkilometern Sizes: from 10 sq. m. to several sq. km. Eigentumsverhältnisse: verwaltet von einer ICT-Firma, gesponsert oder gemietet von den Anwohnern Ownership: administered by an ICT company, sponsored or rented by residents Dauer: von wenigen Sekunden bis zu einigen Jahren Duration: a few seconds to several years Kommunale Wirkung: angrenzende Nachbarschaft Community level: adjoining neighbourhood Ausstattung: notwendige GPS- und drahtlose Techno-logie Equipment: requisite GPS and wireless technology Informationskanäle: Information channels:

localizer   exchange   announce

Urban Generator Urban generator — Der Urban Generator ist eine Dienstleistungstypologie, die notwendige Informationen, Bildungsmöglichkeiten sowie Raum für Individuen oder kleinere Firmen bereitstellt. Dieses Programm wird von den gemeinnützigen Organisationen in Sydney betrieben. Für die ökonomisch weniger etablierten An- und Bewohner des neuen Quartiers sind die Angebote kostenlos, andere bezahlen die üblichen Gebühren. Diese Typologie kann Menschen dabei helfen, ihr Leben oder ihre Firma zu «aktualisieren» und in eine größere Gemeinschaft zu integrieren. Darüber hinaus schafft sie einen Interaktionsraum für Menschen aus unterschiedlichen sozialen Lagen und kulturellen Umfeldern. Alle Aktivitäten und Dienstleistungen werden auf der quartiersbezogenen Website veröffentlicht und sind auch über das ortsbezogene Informationssystem zugänglich (Information Provider). Anwohner werden dazu ermutigt und dabei unterstützt, ihre Firmen, Geschäfte und Aktivitäten mit diesem lokalen Netzwerk zu verbinden. — The Urban Generator is a type of service that provides the requisite information, educational opportunities and space for individuals and small businesses. It is run by Sydney's non-profit-making organisations. The services are free of charge for the less well-off in the new district, while others pay the customary charges. The Urban Generator can help people to «modernise» their lives or businesses and integrate into a larger community. It also provides an opportunity for people from different social and cultural backgrounds to mingle. All the activities and services are posted on the community website and they can also be accessed via the location-based information system (Information Provider). Residents are thus encouraged and helped to connect their businesses and activities with this local network.

Warum Urban Generator? – Stell dir vor, du kannst schnell und einfach professionelle Unterstützung von deiner Stadt bekommen … — Why an Urban Generator? – Just imagine you could get fast and easy professional support from your city …

⊕ Größe: 400–1000 Quadratmeter Sizes: 400–1,000 sq. m. ⊕ Eigentumsverhältnisse: Die Stadt besitzt das Gebäude, das Programm wird von einer gemeinnützigen Organisation betrieben. Ownership: building owned by the city, programme run by a non-profit-making organisation ⊕ Dauer: kurze regelmäßige oder unregelmäßige Besuche, komplette Kurse Duration: short regular or irregular visits, complete courses ⊕ Kommunale Wirkung: Nachbarschaft und angrenzende existierende Nachbarschaft Community level: neighbourhood and adjacent neighbourhood ⊕ Ausstattung: Ausbildungs- und Demonstrationsmaterial, Vermietung von Geräten an Kursteilnehmer Equipment: training and demonstration material, renting out of equipment to trainees ⊕ Informationskanäle: Information channels:

localizer

exchange

announce

Space Provider Space Provider — Der Space Provider ist ein Außenraum, ein Natur-Surrogat, ein anderer Ort für Freizeit-aktivitäten, der kurzfristig gemietet wird. Die ästhetische und funktionale Beschaffenheit dieser Außenräume beinhaltet Qualitäten wie Pflasterung, Überdachung, Umschließung, Grünraum, Tartan, Sand, Wasser oder Bäume. Ihre Nutzung wird von den Individuen bestimmt. Die Dauer der Vermietung kann von einer Stunde bis zu einer Woche gehen. Die Größe des Raumes reicht aus, um zum Beispiel alle Mitarbeiter einer kleinen Firma aufzunehmen. Anstelle von öffentlichem Grün mit begrenzter Nutzung bieten die Space Provider öffentlich eine private Nutzung an und werden kommerziell betrieben. Sie stellen eine Erweiterung des Territoriums der eigenen Wohnung dar – mit wenigen Verpflichtungen. Reservierungen, Vermietung, Zahlung und Aktivitäten sind zugänglich über die Stadtteil-Website und den ortsbezogenen Informationsdienst. — The Space Provider is an outdoor space, a substitute for nature, an alternative location for leisure-time activities that can be rented at short notice. The design scheme for these outdoor spaces includes the paving, roofing, fencing, greenery, tartan track, sand, water and trees. It is up to individuals to decide how these areas are to be used. The period for which the space is hired can range from an hour to a week. The area is large enough to host all the employees of, for instance, a small business. Instead of public gardens with a limited number of uses, the Space Providers offer public use of private spaces that are operated on a commercial basis. They constitute an extension of private premises but with very few obligations. Reservations, rent, payment and activities are available on the community website and from the local information service.

Warum Space Provider? – Stell dir vor, du könntest schnell und einfach einen Raum für deine Party bekommen ... — Why a Space Provider? – Just imagine you had fast and easy access to a space for your party ...

Größe: 200–600 Quadratmeter Sizes: 200–600 sq. m.   Eigentumsverhältnisse: nachbarschaftliche städtische Organisationen oder Firmen Ownership: neighbourhood city organisations or companies   Dauer: kurzfristige Vermietung für begrenzte Zeit (eine Stunde bis zwei Tage) Duration: short-term hire for a limited period of time (one hour to two days)   Kommunale Wirkung: Nachbarschaft und angrenzende existierende Nachbarschaft Community level: neighbourhood and adjacent neighbourhood   Ausstattung: neben speziellen Ausstattungen: Stromanschluss und Beobachtungsmöglichkeit (Webcam) für alle Space Provider Equipment: apart from special fittings all the Space Providers have a power connection and a unit observation facility (webcam)   Informationskanäle: Information channels:

localizer

near web

Access-space Provider Access Space Provider — Der Access-space Provider erfüllt gleichermaßen das Bedürfnis nach Netzzugang und nach Privatsphäre. Er ist ein kleiner, mit umfangreicher Kommunikationstechnologie ausgestatteter Raum innerhalb des öffentlichen städtischen Umfelds, der eine Kombination von Privatsphäre, Entspannung, Arbeitsplatz und Unterhaltung ermöglicht. Der Access-space Provider ist ein Angebot an Besucher, Touristen, Geschäftsleute oder Anwohner, die Privatsphäre benötigen oder kein vergleichbares technisches Equipment haben. Er wird an strategischen Punkten, an dichten und aktiven öffentlichen Orten in Sydney, positioniert und bietet den Nutzern eine private Rückzugsmöglichkeit. — The Access Space Provider combines the need for network access and privacy. It is a small space fitted with a wide range of communication equipment that is situated in the public urban space. This access space makes it possible to combine privacy, relaxation, workspace and entertainment. The Access Space Provider is directed at visitors, tourists, business people and residents who need privacy or who don't have comparable technical equipment. The unit is located at strategic points and busy public places in Sydney , where it offers users a private sanctuary.

Warum Access-space Provider? – Stell dir vor, du könntest dich in der Öffentlichkeit ungestört zurückziehen, genau dann, wenn du willst... — Why an Access Space Provider? – Imagine you could get private in public whenever you want....

◉ Größe: 5–10 Quadratmeter für Büro- und Dienstleistungsnutzung Sizes: 5–10 sq. m. for office or service use ◉ Eigentumsverhältnisse: temporärer, kurzfristig anzumietender Raum, verwaltet von einer entsprechenden Dienstleistungsgesellschaft Ownership: temporary space to let at short notice, administered by a service company ◉ Dauer: von 30 Minuten bis zu einer Stunde Duration: 30 minutes to an hour ◉ Kommunale Wirkung: weltweit Community level: worldwide ◉ Ausstattung: Web-Zugang, PC, Telefone, Fax und Schlafausstattung Equipment: web access, PC, phone, fax and napping equipment ◉ Informationskanäle: Information channels:

localizer   exchange   announce   www

Work Station Work Station — Der Produktionsraum bietet eine «Work Station+»-Umgebung auf 50 bis 500 Quadratmetern. Das «Plus» steht, über die typischen Büroarbeitsräume hinaus, für eine Reihe zusätzlicher Angebote in funktionaler und räumlicher Hinsicht. Neben den neutralen Büroflächen gibt es einen Katalog, aus dem jederzeit zusätzliche räumliche Elemente bestellt werden können. Diese internen oder externen Räume bieten spezielle Bereiche für besondere Aktivitäten, Firmen-Newsgroups oder externe Dienstleistungen im Büro. Das Plus beinhaltet auch Angebote für das gesamte Bürogebäude, also Dienstleistungen und Räume, die gemeinschaftlich genutzt werden. Die Büros können gemietet und über das Internet ausgestattet werden. Jede Firma ist automatisch auf der lokalen Website präsent und Teil des örtlichen Netzwerkes. Und jede Firma kann entscheiden, welche Informationen sie von außen zugänglich machen will und was auf den PDAs (siehe hierzu im Detail Seite 63) im Vorbeigehen über das Unternehmen zu erfahren ist. — The work unit provides a «work station+» area covering 50 to 500 square metres. The + stands for a series of additional functional and spatial features that go beyond the typical office space. The standard office space can be supplemented by additional elements that can be ordered from a catalogue at any time. These internal or external components provide special areas for additional activities, company newsgroups and outside services supplied in the office. The + also indicates extra features for the entire office building, such as services and spaces for communal use. The offices can be rented and equipped via the Internet. Every company has a presence on the local website and is part of the local network. Every company can also decide what information it wishes to make accessible from outside and what passers-by can find out about the company using their personal digital assistants (see page 96 for details).

Warum Work Station? – Stell dir vor, du brauchtest dein Büro nicht zu verlassen, um eine bestimmte Dienstleistung zu erhalten… Why a Work Station? – Just imagine there would be no need for you to leave the office to get the service you want …

⬡ Größe: 100–500 Quadratmeter Sizes: 100–500 sq. m. ⬡ Eigentumsverhältnisse: vermieteter Büroraum, inklusive Dienstleistungen, Werbung und Außenräumen. Eigentümer sind die Firmen oder ein Projektentwickler. Ownership: rented office space including related services, advertising and outdoor areas owned by the companies themselves or developers ⬡ Dauer: von einigen Monaten bis zu vielen Jahren Duration: several months to many years ⬡ Kommunale Wirkung: von angrenzenden Nachbarschaften bis weltweit Community level: from adjacent neighbourhoods to worldwide ⬡ Ausstattung: die übliche Büroausstattung; abhängig von den Firmen spezielle, hausinterne Dienstleistungen Equipment: the usual office equipment, special in-house services depending on the individual company's needs ⬡ Informationskanäle: Information channels:

 localizer exchange announce city web

Living Transformer Living Transformer — Der Living Transformer ist die einfachste, aber zugleich auch die komplexeste Typologie. Um ein Wohnen+-Umfeld anbieten zu können, müssen wir die individuellen, sich verändernden Nutzungen und die unterschiedlichen Präferenzen in Größe, Stil und Ausstattung berücksichtigen. Die von uns entwickelte Typologie ist ein System, eine Matrix von Optionen, die wir planen können, die aber letztlich von den Nutzern ausgewählt, kombiniert und durch Gebrauch transformiert werden. Weiterhin ermöglichen wir eine Flexibilisierung der Nutzung, indem wir nur 30 bis 50 Prozent der Gesamtfläche des Living Transformer als reine Wohnnutzung bereitstellen und die restliche Fläche als neutralen Raum belassen. Der neutrale Raum hat eine minimale Ausstattung und ermöglicht eine maximale Nutzungsvielfalt. Er kann vom Eigentümer vermietet oder gemeinschaftlich genutzt werden. Wichtig für diese Typologie ist die Zugänglichkeit der Informations- und Kommunikationstechnologie. Eine spezielle Website zur Gestaltung des neuen Zuhause gibt eine einfache und effiziente Möglichkeit der interaktiven Planung an die Hand. — Whilst the Living Transformer is the simplest type of unit, it is also the most complex. To provide a living+ environment we have to integrate individual, changing uses and accommodate different preferences in size, style and fittings. The unit we have developed is a system, a matrix of options that we can plan and develop, but with the options ultimately being selected, combined and transformed by the occupants as they make use of them. We also allow for flexibility of use by having 30 to 50 percent of the Living Transformer reserved for purely residential purposes and the rest left as non-determined space. This neutral space has minimum equipment and allows for a maximum variety of uses. This neutral space can be let by the owner, rented or shared. Access to information and communication technologies is important for this unit. A special website for the design of the «new home» is a simple and efficient way to engage in interactive planning.

Warum Living Transformer? – Stell dir vor, du könntest schnell und einfach einen individuellen Raum zum Wohnen und Arbeiten finden, auch wenn du neu in der Stadt bist … — Why a Living Transformer? – Just imagine you could find somewhere to live and work quickly and easily even if you're new in the city …

Größe: 150–350 Quadratmeter, ein Drittel oder die Hälfte davon als separater Raum für Büro- oder Dienstleistungsnutzungen Sizes: 150, 180 or 250 sq. m., one-third or half of which comprises separate space for office or service use ⬤ Eigentumsverhältnisse: gemietet oder geleast von Individuen, zusätzlicher Raum für private Untervermietung Ownership: rented or leased by individuals, additional space for private subletting ⬤ Dauer: von einigen Monaten bis zu vielen Jahren Duration: several months to many years ⬤ Kommunale Wirkung: lokale Nachbarschaft Community level: local neighbourhood ⬤ Ausstattung: die übliche Wohnausstattung, abhängig von den individuellen Bedürfnissen, Differenzierung zwischen Wohnen und Wohnen+ Equipment: the usual home furnishings that vary according to individual needs, differentiation between living and living+ ⬤ Informationskanäle: Information channels:

localizer

exchange

announce

local web

VERNETZTE PROGRAMME
NETWORKING PROGRAMMES

Hardware: Form ermöglicht Funktion Hardware: Form allows function — Zentral für das Konzept ist es, physische Bedingungen zu schaffen, die es ermöglichen, spezifische, unterschiedliche und sich verändernde Programme und Aktivitäten in Gang zu setzen und ihnen Raum zu geben. Wir müssen das Verhältnis abwägen zwischen den Bedingungen, die wir vorhersehen und planen können, und solchen, die unvorhersehbar sind und für die wir nur einen Rahmen zur Verfügung stellen können. Das Projekt und das Programm sollen so offen wie möglich und so geplant wie nötig sein. — The main idea is to create a physical urban environment that will be capable of triggering and accommodating specific, diverse and changing programmes and activities. We have to find a balance between conditions that we can foresee and plan and conditions that are unpredictable and for which we can only provide a framework. The project and the programme should be as open as possible and as planned as needed.

FORM ERMÖGLICHT FUNKTION

79

Vernetzung des Grundstückprogramms Networking the site programme — Vernetzung ist ein Konzept, welches das Projekt in unterschiedlichen städtischen Größenordnungen organisiert. Wir verstehen das Grundstück als Feld mit verschiedenen Anziehungspunkten und Verbindungen zur städtischen Umgebung. Das Organisationsprinzip für die Gebäudevolumen ist nichthierarchisch (Hardware). Die unterschiedlichen Programme (Software) sind flexible Möglichkeiten: Einige von ihnen bestimmen wir als Planer, andere bleiben offen und sollen von den Nutzern generiert werden. Sowohl die Hardware als auch die Software sind mit den umgebenden Bedingungen auf der Ebene der Infrastruktur, von Online-Dienstleistung und anderen Dienstleistungen sowie Firmen verbunden. — Networking is a concept that organizes the project on different urban scales. We see the site as being an area with various attractions and connections with the urban surroundings. The organisational principle is a non-hierarchical system for the building volumes (hardware). The various programmes (software) provide opportunities for flexibility. We determine some of these as planners, while others are non-determined and have to be generated by the user. Both the software and the hardware are connected with the surrounding environment at the level of the infrastructure, on-line services, other services and companies.

Software: Selbst-adaptives Programm Software: self-adapting programmes — Insgesamt erhalten wir eine Programmkombination mit einigen fixen Teilen und anderen, die wachsen und schrumpfen können. Arbeiten und Wohnen sind die Pole eines kontinuierlichen Programmfeldes mit zahlreichen Zwischenformen. In Kombination mit den ortsbezogenen Informationen des Information Provider entsteht eine dynamische, sich selbst anpassende Programmstruktur, die von den Nutzern generiert wird. — The programme consists of a number of fixed parts and others that can grow and shrink. Working and living are the poles of a continuous programme area with numerous intermediate forms. In combination with the location-based information of the Information Provider enables a dynamic, self-adapting programme structure, generated by the users.

FORM ALLOWS FUNCTION

Zeitweiliger Provider oder Nutzer Temporary provider or client — Der Information Provider bietet eine Plattform für individuelle Dienstleistung und Kommunikation, für eine neue Art des Nachbarschaftsaustauschs. Der Inhalt wird von den Anwohnern generiert und bereitgestellt, sie sind gleichzeitig Konsumenten und Produzenten. — The Information Provider gives a platform for individual services and communication, a way for communal exchange. The content is generated and provided by the inhabitants, they are consumer and producer at the same time.

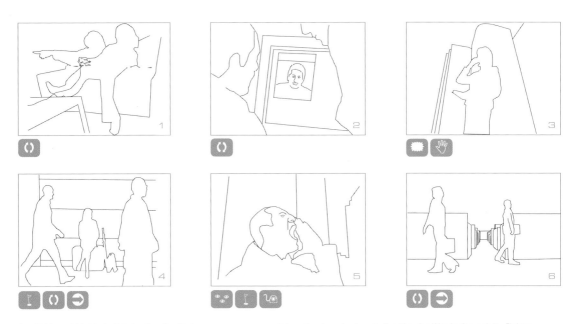

1— «Fightergotchi» ist ein digitales Haustier, für das man sorgen muss und das mit anderen Leuten, die ihm über den Weg laufen, spielt. «Fightergotchi» is a digital pet that you have to care for and which plays with other people that cross its path.   2— «Nickname Avatar», ein Spitzname, um mit Leuten in der Umgebung zu sprechen, ohne direkten Kontakt zu haben A nickname to chat to people in the surrounding area without making direct contact   3— Werben für eine Firma in der «Bonus-Zone», in der man Produkte oder Dienstleistungen kostenlos erhalten kann Advertising a business in the bonus zone, where you can get products and services for free   4— «Urbane Post-it-Orte», an denen man eine Nachricht auf GPS-Basis im Raum hinterlassen kann «Urban post-it» locations, where you can leave a GPS-based message in a location   5— Hinterlasse eine Nachricht an der «Speaker's Corner», wo sie bei jedem Passanten auf dem Display erscheint und er sie kommentieren kann. Leave a message at «Speaker's Corner», where passers-by can read it on their display and make comments   7— «Single-Bereich», in dem man Leute treffen kann. Bei entsprechend eingestelltem raumbezogenen Filter erhält man hier Nachrichten, wenn man an jemandem vorbeigeht. «Singles zone», where you can meet people. If the location-based filter is configured accordingly you can receive messages when you pass by somebody.

Initialprogramm Initial programme — Der Urban Generator ist nicht einfach nur der Beginn der Entwicklung eines Areals: Er ist das Programm, welches weitere Programme generiert. Er ist determiniert und besteht aus Einzelprogrammen wie Bildung, Wissenstransfer, Unterstützung von Firmengründungen und alltäglicher Lebensführung (Kinderbetreuung, Seniorentreffpunkt, kommerzielle und nichtkommerzielle Beratungsangebote usw.). — The Urban Generator is not merely the starting point for the development of the site. It is also the programme that generates other programmes. It is predetermined and consists of a number of supporting programmes, such as education, knowledge transfer, support for business start-ups and everyday requirements (child care, senior citizens' centre, commercial and non-commercial advisory services, etc.).

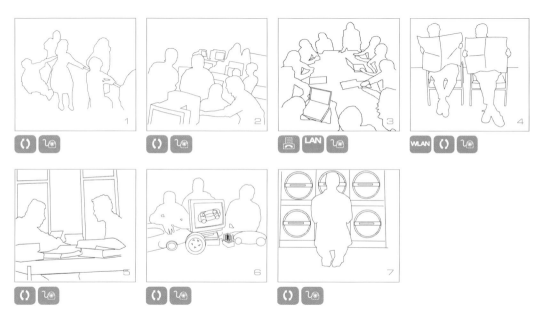

1— Kinderbetreuung inklusive Mittagessen und Bildungsprogramm Childcare including lunch and education programmes 2— Ausbildung zur Arbeit mit ICT und Arbeitsvermittlung für jeden Job training with ICT and job placement for everyone 3— Konferenzraum als Erweiterung des Apartments oder Büros Conference room as an apartment or office extension 4— Senioren-Informationszentrum: Treffpunkt für Leute und Ort der Ausbildung zur ICT-Nutzung Senior citizens' information centre: a place to meet people and learn how to use ICT 5— Subventioniertes Start-up-Büro zur Geschäftsunterstützung Subsidised start-up office to support business 6— Start-up-Büro zur Unterstützung kleiner Firmen, Kontakte für Geschäftsleute mit gleichen Ideen Start-up office to support small business, contacts for business people with similar ideas 7— Haushaltsdienstleistungen bieten häusliche Unterstützung und Hilfe Household services provide domestic help and support

Fixe Programmbedingungen Fixed programme conditions — Der Space Provider ist in seiner physischen Form determiniert. Wir haben spezifische Außenbedingungen im Voraus festgelegt, aber die eigentliche Nutzung ist flexibel und liegt
bei den Konsumenten. Diese Typologie bietet physische Außenräume in der Tradition des öffentlichen Grüns an, aber sie
sind genauer ausgeformt und privat zu nutzen. — The physical shape of the Space Provider is predetermined. We laid down
specific outdoor conditions in advance, but the actual use of the programme is flexible and up to the consumer. This typology
provides physical outdoor spaces in the tradition of public parks and gardens, but they are more defined and for private use.

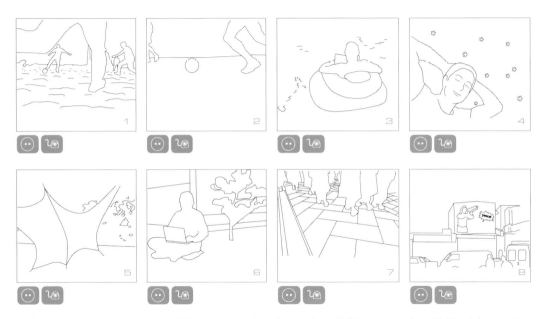

1— Sand Sand Nutzung: kurzzeitiger Garten, Grillen, Außenausstellung, Präsentationen, Aufführungen, experimentelle Dienstleistungen Uses:
short-term garden, barbecue, outdoor exhibition, presentations, performances, experimental services   2— Sport Sports Nutzung: Tennisplatz,
Basketballplatz, Volleyballplatz, experimentelle Dienstleistungen Uses: tennis court, basketball court, volleyball court, experimental services
3— Wasser Water Nutzung: Schwimmen, Sonnenbaden, Außenausstellung, Präsentationen, Aufführungen, experimentelle Dienstleistungen Uses:
swimming, sunbathing, outdoor exhibition, presentations, performances, experimental services   4— Gras Grass Nutzung: kurzzeitiger Garten,
Grillen, Außenausstellung, Präsentationen, Aufführungen, experimentelle Dienstleistungen Uses: short-term garden, barbecue, outdoor exhibition,
presentations, performances, experimental services   5— Überdachung Roofing Nutzung: Flohmarkt, Außenausstellung, Präsentationen,
Aufführungen, kurzfristiger Verkauf, Seminare, experimentelle Dienstleistungen Uses: flea market, outdoor exhibition, presentations, performances,
short-term sale, seminars, experimental services   6— Offener Innenhof Open patio Nutzung: Außenausstellung, kurzzeitiger Zen-Garten, experimentelle Dienstleistungen Uses: outdoor exhibition, short-term Zen garden, experimental services   7— Pflasterung Pavement Nutzung: Außenausstellung, Präsentationen, Aufführungen, kurzfristiger Verkauf, experimentelle Dienstleistungen Uses: outdoor exhibition, presentations,
performances, short-term sale, experimental services   8— Wand Wall Nutzung: Außenausstellung, Präsentationen, Aufführungen, kurzfristiger
Verkauf, experimentelle Dienstleistungen Uses: outdoor exhibition, presentations, performances, short-term sale, experimental services

Zeitweiliger Besitz Temporary ownership — Die Access-space Provider bieten eine Raumtypologie mit kurzer Nutzungsdauer. Sie sind sehr speziell in der Nutzungsart, aber der Inhalt ist flexibel und wird vom Konsumenten definiert. Dieses kleine städtische Programm stellt zeitweilige Privatheit zur Verfügung. Die Nutzung hat eine eingeschränkte Bandbreite: von Information und Kommunikation über Arbeiten bis hin zum Entspannen. — The Access Space Providers are a spatial typology for short-duration programmes. They are very specific in the nature of their use, but the content is flexible and defined by the consumers. This small-scale urban programme provides temporary privacy. The space has a limited range of uses extending from information and communication points to work and relaxation.

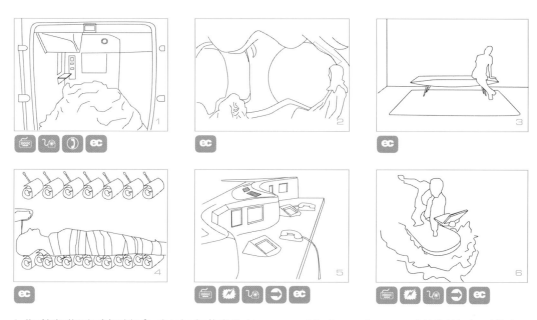

1— Kurzfristige Unterkunft für einige Stunden oder eine Nacht Short-term accommodation for several hours or one night 2— Liebeskapsel für etwas Privatsphäre Love capsule for a little intimacy 3— Privatkapsel – Zeit für dich alleine Privacy capsule for some time on your own 4— Erholungskapsel für eine Auszeit nach dem Shopping oder der Arbeit Recuperation capsule for time out after shopping or work 5— Arbeitskapsel, in der man E-Mails schreiben oder privat kommunizieren kann Work capsule to write e-mails or communicate in private 6— Surfkapsel zur Web-Recherche Surf capsule for web search

Dynamische Programme Dynamic programmes — Die Work Station+ hat eine grundsätzliche programmatische Bestimmung sowie einen zusätzlichen Raum für flexible Nutzungen (+). Sie ist im Allgemeinen eine typische Büro-umgebung mit zusätzlichen Dienstleistungsprogrammen. Einige davon sind gemeinschaftliche Programme für das gesamte Gebäude, andere spezielle Programme für die einzelnen Mieter, die die endgültigen, privaten Dienstleistungs-zonen zusammenstellen können. — The Work Station+ has a basic programmatic definition as well as an extra space allowing for flexible uses (+). Work Station+ is a typical office environment with additional service programmes. Some of these are communal programmes for the entire building, while others are specially designed for the different occupants, who ultimately determine the composition of the private service zones.

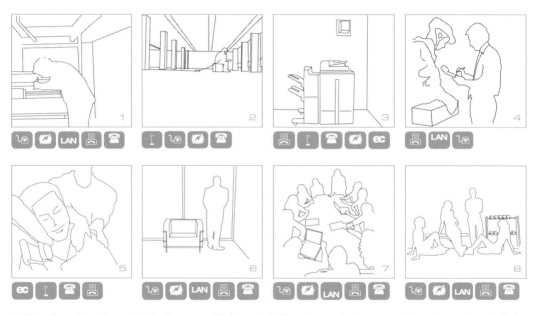

1— Kleines Büro mit individuellen Arbeitsbedingungen und Zugängen Small office with customised working conditions and connections 2— Großes Büro mit individuellen Arbeitsbedingungen und Zugängen Large office with customised working conditions and connections Dienstleistungen im Gebäude: In-house services: 3— Copyshop Photocopy service point 4— Auslieferungsstelle für Online-Bestellungen Online delivery point with courier service Interne Büroerweiterungen: Internal office extensions: 5— Spezielle Dienstleistungen wie Massage oder Friseur, online bestellt Special services, such as a massage or a hair cut, ordered online 6— Zusatzraum – ruhiges Panorama zur Entspannung Extra space - quiet panorama extension for relaxation purposes 7— Konferenzraum, repräsentativer als das Büro Conference room, more representative than the office 8— Wellness- und Fitnessbereich zum Entspannen Wellness area and fitness studio to relax

Dynamische Programme Dynamic programmes —— Der Living Transformer+ kombiniert Wohnen mit einem zusätzlichen Bereich, der Arbeiten, Verkauf, Dienstleistung oder andere Nutzungen integrieren kann. Die Fläche dieser Nutzung kann deshalb nur ungefähr angegeben werden. —— The Living Transformer+ combines residential space with an extra area enabling work, retail, services and other uses to be integrated. Hence only approximate data can be given for the area taken up by these uses.

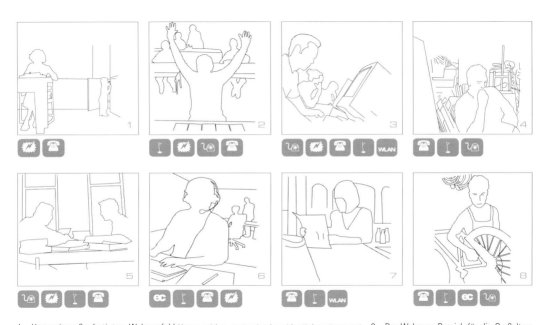

1— Haus mit maßgefertigtem Wohnumfeld House with a customised residential environment   2— Der Wohnen+-Bereich für die Großeltern The living+ part for grandparents   3— LAN-Café im Wohnen+-Bereich LAN café in the living+ part   4— Künstleratelier im Wohnen+-Bereich Artist's studio in the living+ part   5— Neu gegründetes Büro im Wohnen+-Bereich Start-up office in the living+ part   6— Abholstelle für Online-Bestellungen im Wohnen+-Bereich Pick-up point for online deliveries in the living+ part   7— Kleines Frühstückscafé im Wohnen+-Bereich Small breakfast bistro in the living+ part   8— Fahrradreparatur im Wohnen+-Bereich Bicycle repair service in the living+ part

KONSUMENT CONSUMER

Eingebettete ICT-Werkzeuge Embedded ICT tools — Entscheidend ist die Integration jeder neuen Dienstleistung in das lokale Kommunikationsnetzwerk. Neue Geschäftsideen sind auf diese Weise sofort für die benachbarten Unternehmen und darüber hinaus präsent. Das unterstützt gerade kleine Firmen in ihrem Marktzugang. Als Informations- und Kommunikationswerkzeuge für den städtischen Kontext schlagen wir vier verschiedene Werkzeuge vor: einen persönlichen digitalen Assistenten (PDA) als Netzwerk-Werkzeug, ortsbezogene Informationszonen als räumliche Filter, eine Stadtteil-Website als grundlegender Austauschknoten und bargeldlose Zahlung für direkte Zugänge. — The integration of every new service into the local communication network is crucial. This makes new business ideas immediately available for companies in the neighbourhood and beyond, thus giving market access support to small businesses, in particular. We propose four different ICT tools for the urban context: a community website as a basic exchange hub; a personal digital assistant (PDA) as a networking tool; location-based information zones as spatial filters; and non-cash payments for instant access.

ANBIETER PROVIDER

Netzwerkzugang Network access — Der persönliche digitale Assistent ist das ideale Werkzeug, um einen ubiquitären Zugang zum Informationsnetzwerk zu ermöglichen. Die zurzeit gebräuchlichen Mobiltelefon-Anwendungen können diese Aufgabe bereits erfüllen. Jeder Anwohner erhält einen kostenlosen PDA, gesponsert von einer Firma vor Ort. Dieses tragbare Kommunikationssystem kann spezifische, ortsbezogene Informationen übermitteln, die von privaten bis zu gewerblichen Inhalten reichen. — The personal digital assistant is the ideal tool to provide ubiquitous access to the site information network. Commercially available mobile phone services are already capable of performing this function. Every inhabitant gets a free PDA sponsored by a local company. This portable communication system can transmit specific, location-related information covering everything from private to commercial activities.

Ortsbezogene Informationen Location-based information — Indem Informationen in Bezug auf den physischen Raum angeboten werden, führt dieses System zu einer dynamischen Art der Aktivierung städtischer Bereiche. Anwohner werden gleichzeitig zu Konsumenten und Produzenten von Inhalt, indem sie den Zugang zu Informationen, die sie bereitstellen oder erhalten wollen, kontrollieren. — In providing information about the physical space, this system offers a dynamic method of activating urban areas. The inhabitants become content consumers and providers at one and the same time, thereby controlling access to the information they give or receive.

Mobiles Multikanal-(Stadtteil-)Interface Mobile, multi-channel, (community) interface

Orientierung mittels ortsbezogener Informationen Finding your way around using location-based information

Stadtteil-Website Community website — Die Website ermöglicht und filtert den lokalen Informationsaustausch. Anwohner und Bewohner sowie Besucher und Nutzer des Stadtteils können Konsumenten und Produzenten des Inhalts sein; nur einige wenige grundsätzliche Regeln dienen als Organisationsprinzip. Die Website beinhaltet Kategorien wie Schwarzes Brett, Marktplatz, Interessenfinder, Link System, Informationsservice, lokale Dienstleistungshinweise, Firmenunterstützung und mehr. Ihre Reichweite geht von «mein Block» bis «weltweit», sie ist aber immer bezogen auf den Stadtteil organisiert. — The website provides and filters the exchange of local information. The site occupants, neighbouring residents, visitors and users can be both content consumers and providers. The organisation is governed by a few basic rules. The website includes a message board, market place, interest finder, link system, information service, locally related service links, business support and more. Its reach extends from «my block» to «worldwide» but is always organized in relation to the community.

Bargeldlose Zahlung Non-cash payment — Die neue Art des Bezahlens gewährt einen einfachen Zugang mittels Mobiltelefonen, PDA, «Mobile Cash» und «Cash Card». Diese Zahlungsweisen sind die Erweiterung des Informations- und Organisationspotenzials von ICT. Man erhält direkten Zugang zu Orten und Aktivitäten, kann diese sofort nutzen und bezahlen. Raum kann extrem kurzfristig gemietet werden. — This new method of payment provides easy access by mobile phone, PDA, mobile cash or cash card. These modes of payment exemplify the expansion of the information and organisation potential of ICT. Locations and activities can be immediately accessed, used and paid for. Spaces can be rented at very short notice.

Stadtteil-Website: ein Filter für Angebot und Nachfrage Community website: a supply and demand filter

Bargeldlose Zahlung Cashless payment

Unterstützende Netzwerke Support networks   Sydney verfügt über ein umfangreiches Unterstützungssystem für die unterschiedlichsten sozialen Gruppen. Von Seniorenorganisationen und Einrichtungen zur Kinderbetreuung über Start-up-Center bis zu Bildungseinrichtungen – die angebotenen Dienstleistungen schließen Wissenstransfer und Unterstützung bei der Lebensführung mit ein. Die folgende Liste beinhaltet überwiegend gemeinnützige Organisationen, die vom Staat unterstützt werden. Diese Organisationen können eine wichtige Rolle bei der städtischen Entwicklung von Sydney spielen. — Sydney has an extensive support system for very different social groups. The services provided range from senior citizens' organizations and child-care facilities to start-up and educational centres, and they include knowledge transfer and support in the conduct of everyday life. The list below consists mostly of non-profit-making organizations that are supported by the government. These organisations can play an important role in Sydney's urban development.

UNTERSTÜTZENDE
NETZWERKE
SUPPORT NETWORKS

Seniorenorganisationen
Senior citizens' organisations
www.cotansw.com.au
www.seniorcomputing.org.au
www.u3aonline.edna.edu.au
www.nationalseniors.com.au
www.add.nsw.gov.au
www.endeavour.web.org

Kinderbetreuung Childcare
www.northsydneycentre.com.au
www.infonet.unsw.edu.au
www.gowrie-sydney.com.au
www.gowrie-sydney.com.au

Start-up-Center Start-up centres
www.dewrsb.gov.au
www.gststartup.gov.au
www.australianbusiness.com.au
www.icsb.org.au
www.fairtrading.nsw.gov.au
www.ig.tafensw.edu.au
www.accc.gov.au
www.mbn.com.au
www.sydneybec.com.au
www.industry.gov.au

Bildungseinrichtungen
Educational facilities
www.det.nsw.edu.au
www.edfac.usyd.edu.au
www.mua.org.au
www.reconciliationaustralia.org
www.acensw.com.au
www.nas.edu.au
www.acl.edu.au
www.tafe.nsw.edu.au
www.det.nsw.edu.au
www.daa.nsw.gov.au

DIGITALE
DIENSTLEISTUNGEN
DIGITAL SERVICES

GLOBALE
DIENSTLEISTUNGEN
GLOBAL SERVICES

Nichtkommerzieller Austausch
Non-commercial exchange
www.kazaa.com
www.altnet.com
www.gnutella.com

Globales Shopping Global shopping
www.ebay.com
www.letsbuyit.com
www.amazon.com

**Job-Netzwerk
und globale Geschäftskontakte**
Job network and global business contacts
www.stepstone.com
www.monster.com
www.freestylemedias.com.au

Reiseagenturen Travel agencies
www.tui.com
www.thomascook.com
www.e-sixt.com

Globaler Kurierdienst
Global courier services
www.uos.com
www.yellowexpress.com.au

AUSTRALISCHE
DIENSTLEISTUNGEN
AUSTRALIAN SERVICES

Häusliche Dienstleistungen
Domestic services
www.dialanangel.com.au
www.dogtainers.com.au
www.yellowexpress.com.au
www.floristsydney.com.au
www.nevertail.com.au
www.birth.com.au
www.charlzonbrownaust.com.au

Nationale Zeitungen
National newspapers
www.thedailytelegraph.com.au
www.heraldsun.com.au
www.theaustralian.com.au
www.couriermail.com.au

Geschäftskontakte Business contacts
www.olcs.com.au
www.host1.com.au
www.pegasus.com.au
www.onlineofficeservice.com.au
www.purealternatives.com.au
www.presentsolutions.com.au

DIENSTLEISTUNGEN
IN NEW SOUTH WALES
NEW SOUTH WALES
SERVICES

Party- und Veranstaltungsservice
party and event service
www.secretimages.com.au

**Häusliche Dienstleistungen
und Belieferung**
Domestic services and deliveries
www.birth.com.au
www.petsatpeace.com
www.citysearch.com.au

Immobilien-Suche Real estate search
www.justlisted.com.au

Zeitungen Newspapers
www.thedailytelegraph.com.au

Digitale Dienstleistungen Digital services — Die Untersuchung der Online-Dienstleistungen für das Rozelle-Bay-Areal bezieht sich auf einen das Planungsareal überschreitenden Kontext. Natürlich sind alle Websites weltweit zugänglich, aber nicht alle bieten Dienstleistungen an, die für die Anwohner von Rozelle Bay bedeutsam sind. Wir haben sechs Kategorien wichtiger Online-Dienste untersucht, von globalen bis hin zu lokalen Dienstleistungen, die für das Planungsareal relevant sind. Die Dienstleistungsfirmen, die wir rund um das Planungsareal gefunden haben, sind im Dienstleistungsnetzwerk wenig präsent, obwohl die meisten eine eigene Website unterhalten. Es scheint so, als könne man seine gesamte Lebensführung über Online-Dienstleistungen organisieren. Tatsächlich gibt es aber «missing links»: Viele für das Planungsareal relevante Dienstleistungen sind nicht über das Internet verfügbar. — The examination of the on-line services for the Rozelle Bay inevitably area extends beyond the site. Naturally, all the websites are globally accessible, but not all of them can provide services that are relevant to people living in the Rozelle Bay area. We examined six categories of key on-line services from the global down to the local level. The service companies we found around the site of New Rozelle Bay are less prominent in the services network, although most of them have their own websites. It would appear possible to use on-line services to organise everything that is needed in everyday life. However, there are a few missing links. Many of the services relevant to the planning site are not available on the Internet.

www.theheraldsun.com.au
www.theaustralian.com.au
www.couriermail.com.au

DIENSTLEISTUNGEN IN SYDNEY
SYDNEY SERVICES

Dienstleistungs- und Informationsnetzwerke Service and information networks
www.sydneyexchange.com.au
www.arch.unsw.edu.com.au
www.neighbournet.com.au
www.ltl.com.au
www.sydney.citysearch.com.au

Kommerzielle Geschäftskontakte
Commercial business contacts
www.sydney.citysearch.com
www.veneerinlayaustralia.com.au
www.sydney.net/services.com.au
www.dijones.com.au
www.inlighten.com.au
www.sydneywater.com.au

Körper, Schönheit und Mode
Body, beauty and fashion
www.six.com.au
www.bodyrotic.com.au
www.sydney.citysearch.com.au
www.lululingerie.com.au
www.opnannies.com.au
www.lorenaseveri.com.au
www.geocities.com.au

Lebensmittelmärkte
Food and grocery markets
www.albertos.com.au
www.aboutlife.com.au
www.foodcity.com.au

Neue Medien für Sydney
New media for Sydney

www.dailytelegraph.com.au
www.abc.net.au/sydney
www.abc.net.com.au/localradio
www.newmetrotimes.com.au

Freizeitaktivitäten Leisure activities
www.partymoore.com.au
www.sydney.com.au
www.ovations.com.au
www.labyrinth.com.au

Öffentlicher und privater Verkehr
Public and private transport
www.sydney.com.au
www.sydney.com.au
www.sydneybuses.com.au
www.sydney.com.au

LOKALE DIENSTLEISTUNGEN
LOCAL SERVICES

Kommerzielle Geschäftskontakte
Commercial business contacts
www.bigsister.com.au
www.inlighten.com.au
www.memebers.optusnet.com.au
www.geocities.com.au

Stadtteilinformationen
Neighbourhood information
www.sydney.citysearch.com.au
www.elibrary.com
www.leichhardt.nsw.gov.au
www.villagevoice.com.au
www.villagevoice.com.au
www.geocities.com.au
www.eichhardt.nsw.gov.au

Stadtteilorganisationen
Community organisations
www.rlac.org.au
www.ramin.com.au
www.callanpark.com

Gesundheit und Versorgung
Health and care
www.rozellehospital.net.com.au
www.med.clinpath.com.au
www.tigers.org.au

UMLIEGENDE DIENSTLEISTUNGEN
SERVICES IN THE SURROUNDING AREA

Stadtteilorganisationen
Community organisations
www.tigers.org.au
www.neighbournet.com.au

Schulen Schools
www.ozschoolguide.com.au
www.gymbaroo.com.au

Lokale Zeitungen Local newspapers
www.innerwesternweekly.com.au

Kommerzielle Geschäftskontakte
Commercial business contacts
www.emiles.com.au
www.planetcake.com.au
www.neighbournet.com.au

1. Konfiguration Configuration >Set-up des persönlichen Filters für die eingehenden und versendeten Nachrichten. Setting up the personalised filter for incoming and outgoing information.

2. Im Vorbeigehen Passing by >Nutzer erreicht eine der entsprechenden Informationszonen, die für ihn relevant sind. User accesses one of the information zones he is interested in.

3. Filter Filter >Eingehende Informationen müssen den Interessen des Nutzers entsprechen und werden gefiltert. Incoming information must match the user's interests and is filtered accordingly.

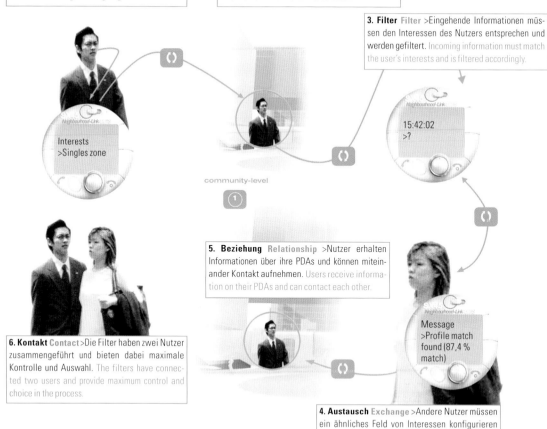

Interests
>Singles zone

community-level

15:42:02
>?

5. Beziehung Relationship >Nutzer erhalten Informationen über ihre PDAs und können miteinander Kontakt aufnehmen. Users receive information on their PDAs and can contact each other.

Message
>Profile match
found (87,4 %
match)

6. Kontakt Contact >Die Filter haben zwei Nutzer zusammengeführt und bieten dabei maximale Kontrolle und Auswahl. The filters have connected two users and provide maximum control and choice in the process.

4. Austausch Exchange >Andere Nutzer müssen ein ähnliches Feld von Interessen konfigurieren wie der erste Nutzer. Other users have to configure an area of interests just like the first user.

1. Nicht eingebunden Unconnected >Nicht eingebundene Nutzerin liest über die Möglichkeiten in der Zeitung. Unconnected user reads Unconnected user reads about the opportunities in the paper.

3. Erster Kurs First course > Teilnehmerin lernt mehr über die Möglichkeiten von ICT-Kanälen in ihrem Geschäft. Participant learns more about the opportunities ICT channels can provide for her business.

2. Kontakt Contact > Sie findet das nächste Start-up-Center über die Zeitung. Finds the nearest start-up centre in the newspaper.

>Exchanging appointments and information

community-level

5. Letzte Präsentation Final presentation > Zusammenarbeit zwischen Start-up-Center und lokalem Konzern. Co-operation between start-up centre and local company.

6. Unternehmerschaft Entrepreneurship >Eine Teilnehmerin beginnt ihre Selbständigkeit mit Hilfe von ortsbezogenen Informationen. Participant starts up her own business or service with the help of location-based information.

4. Mein PDA My PDA >Ein Nutzer erhält einen persönlichen PDA als Teil des Ausbildungsprogramms und lernt damit umzugehen. A user gets his own PDA as part of the training programme and learns how to use it.

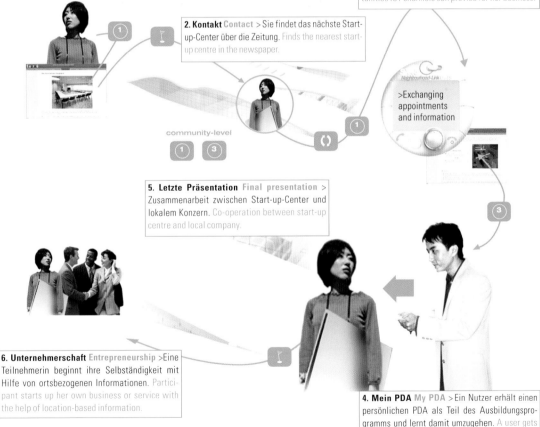

SP-4

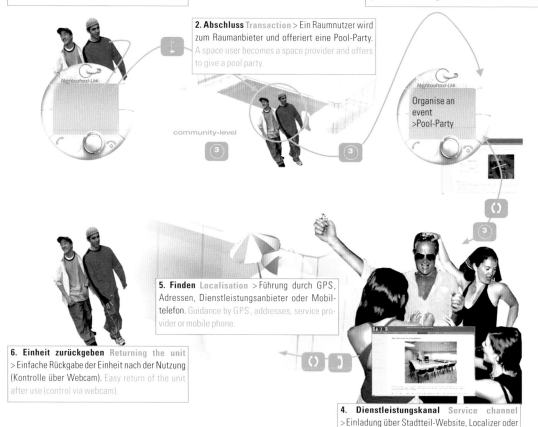

1. Raumnutzer Space user > Suche mit dem Localizer oder dem Nachbarschafts-Websitefilter nach einer freien Einheit. Searching for a free unit using the localiser or the neighbourhood website filter.

3. Konfiguration Configuration > Konfiguration über die Stadtteil-Website, Austausch über Localizer oder Website. Configuration via the community website, exchange via the localiser or website.

2. Abschluss Transaction > Ein Raumnutzer wird zum Raumanbieter und offeriert eine Pool-Party. A space user becomes a space provider and offers to give a pool party.

Neighbourhood-Link

community-level

Organise an event
>Pool-Party

5. Finden Localisation > Führung durch GPS, Adressen, Dienstleistungsanbieter oder Mobiltelefon. Guidance by GPS, addresses, service provider or mobile phone.

6. Einheit zurückgeben Returning the unit > Einfache Rückgabe der Einheit nach der Nutzung (Kontrolle über Webcam). Easy return of the unit after use (control via webcam).

4. Dienstleistungskanal Service channel > Einladung über Stadtteil-Website, Localizer oder SMS/MMS. Invitation via the community website, localiser or SMS / MMS.

1. Suche Search > Suche nach dem nächsten freien ASP-3 über Website oder Localizer. Search for the nearest free ASP-6 via the website or localiser.

3. Bezahlung Payment > Nutzer bezahlt bargeldlos für die Dauer der Nutzung und kann die Einheit jetzt schließen. User makes cashless payment for the duration of the use and can now close the unit.

2. Abschluss Transaction > Nutzer betritt die Einheit. User enters the unit.

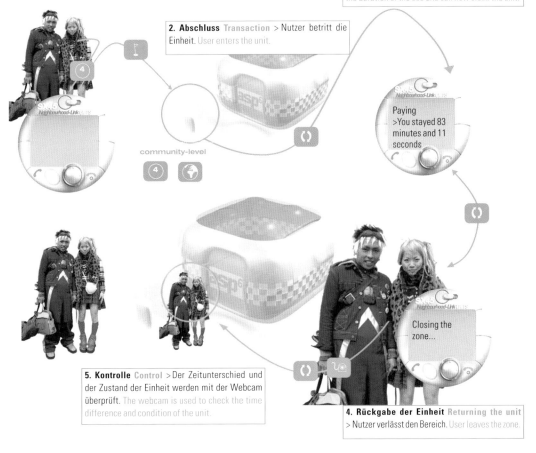

community-level

Paying
>You stayed 83 minutes and 11 seconds

Closing the zone...

5. Kontrolle Control > Der Zeitunterschied und der Zustand der Einheit werden mit der Webcam überprüft. The webcam is used to check the time difference and condition of the unit.

4. Rückgabe der Einheit Returning the unit > Nutzer verlässt den Bereich. User leaves the zone.

1. Kontakt Contact >Suche nach freiem Büro, Konfiguration der zusätzlichen Räume über die Builder-Website. Search for a free office, configuration of the additional space using the builder website.

3. Konfiguration Configuration >Fügt das Büro zum Localizer hinzu und konfiguriert seine Erscheinung innerhalb des Netzwerkes. Adds his business to the localiser and configures its appearance in the network.

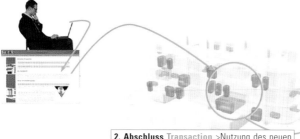

Configuration
>The name of
your company?

2. Abschluss Transaction >Nutzung des neuen Büros, der existierenden hausinternen Dienstleistungen und Außenbereiche. Use of the new office, the existing in-house services and outdoor areas.

Massage
>Booked for
5 p.m.

Message
> Search.

5. Arbeiten+-Bereiche Working+-areas >Zusätzliche Bereiche für individuelle Repräsentation und nicht-arbeitsbezogene Aktivitäten. Additional areas for individual representation and non-working activities.

4. Austausch Exchange >Nutzung der existierenden unterstützenden Dienstleistungen und der speziellen Dienstleistungen. Taking advantage of existing back-up and special services.

1. Anbieterkanal Provider channel >Suche nach vermietbarem Living Transformer oder Kauf einer selbst konfigurierten und entworfenen Einheit. Searching for a free rentable Living Transformer or buying a self-configured and designed unit.

3. Konfiguration Configuration >Konfiguration über lokale Stadtteil-Website, Austausch über Localizer oder Website. Configuration via the local community website, exchange via localiser or website.

2. Abschluss Transaction >Raumkonsument wird zum Dienstleistungsanbieter und stellt Dienstleistung zur Verfügung. Space user becomes a service provider and makes services available.

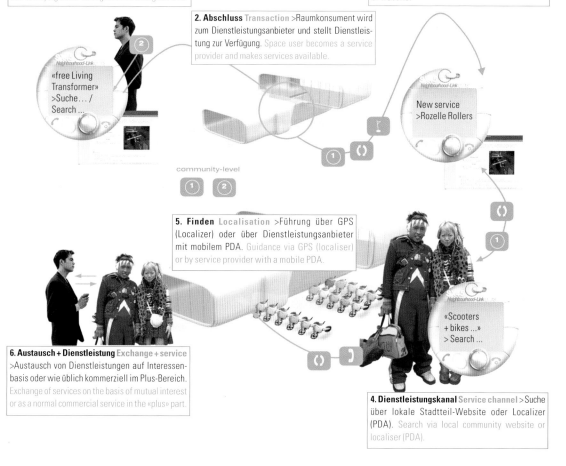

Neighbourhood-Link

«free Living Transformer» >Suche… / Search …

New service >Rozelle Rollers

community-level

5. Finden Localisation >Führung über GPS (Localizer) oder über Dienstleistungsanbieter mit mobilem PDA. Guidance via GPS (localiser) or by service provider with a mobile PDA.

«Scooters + bikes …» > Search …

6. Austausch + Dienstleistung Exchange + service >Austausch von Dienstleistungen auf Interessenbasis oder wie üblich kommerziell im Plus-Bereich. Exchange of services on the basis of mutual interest or as a normal commercial service in the «plus» part.

4. Dienstleistungskanal Service channel >Suche über lokale Stadtteil-Website oder Localizer (PDA). Search via local community website or localiser (PDA).

DAS PLANUNGSAREAL
SITE CONDITIONS

Sydney ist eine Collage aus den Dichten dreier typischer Global Cities.
Sydney is a collage of the densities of three typical global cities.

1— Los-Angeles-Dichte Los Angeles densit

Sydney Sydney — Die Olympiastadt Sydney, «Event City» des Jahres 2000, ist hinsichtlich ihrer urbanen Topologie eine schnell «lesbare» Metropole: eine konzentrierte Skyline internationaler Logos rund um die Sydney Harbour Bridge, das Opernhaus und den Central Business District (CBD), umgeben von einem schier endlosen suburbanen Sprawl, der vom Fluss Parramatta bis zum Horizont reicht. Viele Stadtteile verfügen über einen Park oder liegen in der Nähe der Pazifikküste. Der Kontaktbereich zwischen suburbanen Stadtteilen und dem Zentrum der «Global City» ist in einer schmalen Zone zu lokalisieren, in der auch unser Grundstück liegt: Rozelle Bay. Sydney gehört zu den Städten, die Teil des weltweiten Netzwerks der internationalen Finanz- und Dienstleistungszentren sind.[4] Firmen bevorzugen Sydney innerhalb der Asiatisch-Pazifischen Region wegen seiner relativ geringen Kosten (Mieten und Gehälter) und seiner hoch qualifizierten Dienstleistungsarbeitskräfte. Wissensarbeiter schätzen die Stadt wegen ihres hohen Lebensstandards und ihrer Lebensqualität.
— The Olympic city of Sydney, the «Event City» of the year 2000, is a very «legible» metropolis. It has a concentrated skyline of international logos around Sydney Harbour Bridge, the Opera House and the Central Business District (CBD), surrounded by an almost endless suburban sprawl stretching from the Paramatta River to the horizon. Many of the neighbourhoods have a park or are located near the Pacific coast. The contact zone between the suburbs and the centre of the «global city» is located in a small area that incorporates the Rozelle Bay site. Sydney is one of the cities that form part of the global network of international financial and service centres.[4] Companies prefer Sydney among locations in the Asia-Pacific region because of its relatively low costs (rents and salaries) and highly-qualified service workers. Knowledge workers prefer Sydney for the high standard of living and the quality of life it offers.

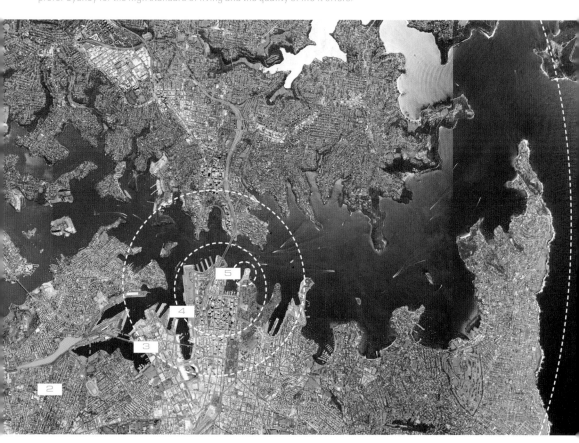

2— Planungsareal Site 3— Londoner Dichte London density 4— Manhattan-Dichte Manhattan density 5— Globale Ikone Global icon

4. R. Stein, A World City in National, Pacific and International Context. Report for the Bauhaus Kolleg. Berlin, July 2002. Download unter: at: http://www.bauhaus-dessau.de/kolleg/servecity/download.php

Ökonomie Economy — Sydney ist das führende Zentrum der ICT-Industrien in Australien. Von den 553 asiatisch-pazifischen Firmenzentren in New South Wales sind 181 Firmen in der ICT-Branche tätig. Fast fünfzig Prozent der australischen ICT-Fachleute arbeiten in New South Wales, die meisten von ihnen in Sydney. New South Wales verfügt über die am weitesten entwickelte und branchenreichste Ökonomie Australiens. Die Hauptstadt Sydney ist die einzige globale Metropole des Landes und ein bedeutendes Geschäfts- und Finanzzentrum in der Asiatisch-Pazifischen Region. In Sydney befinden sich 65 Prozent der australischen Finanzbranche, wie Banken, Versicherungen und Fund-Management. Nahezu die Hälfte des Bruttosozialproduktes der Finanzindustrie wird hier erwirtschaftet, und mehr als vierzig Prozent der 334.000 Angestellten im Finanzsektor Australiens sind in Sydney konzentriert.[5] — Sydney is the leading centre for ICT industries in Australia. Of the 553 companies that have their Asia-Pacific regional headquarters in New South Wales, 181 are in the ICT sector. Nearly half of Australia's ICT professionals work in New South Wales, most of them in Sydney. New South Wales has the most sophisticated and diverse economy in Australia. Its capital, Sydney, is both the nation's only global city and a major business and financial centre in the Asia Pacific region. It is home to 65 per cent of the country's banks, insurance and fund management companies. Close to half of the finance industry's gross national product and over 40 per cent of Australia's 334,000 finance sector employees are concentrated in Sydney.[5]

+ Starke Ökonomie innerhalb Australiens und darüber hinaus
+ Strong economy within Australia and beyond
+ Globale ökonomische Verbindungen
+ Global economic connections
+ Starke ökonomische Präsenz im Asiatisch-Pazifischen Raum
+ Strong economic presence in the Asia Pacific Rim
+ Hoher Ausbildungs- und Wissensstandard
+ High level of education and knowledge
+ Umfangreiche Infrastruktur
+ Elaborate infrastructure
+ Hoher Lebensstandard
+ High standard of living
+ Nähe zum Pazifischen Ozean
+ Proximity to the Pacific Ocean
+ Spektakuläre Natur
+ Spectacular natural setting
+ Hervorragende Qualität der Freizeiteinrichtungen
+ Outstanding quality of the leisure facilities
+ Hohes Niveau der kulturellen Aktivitäten
+ High level of cultural activity
- Physisch weit entfernt von anderen Global Cities
- Physically remote from other global cities
- Geringe städtische Dichte in den meisten Bereichen von Sydney
- Low urban density in most parts of Sydney
- Schwach entwickelte Subkultur (im Vergleich zu Melbourne)
- Less elaborate subculture (compared to Melbourne)
- Wenig öffentliche Verkehrsmittel (autoabhängige Stadt)
- Little public transport (city depends on cars)

1— Blick auf den CBD
View of the CBD

2— Blick vom Bicennial Park
View from Bicennial Park

3— Lilyfield/Justin Street

4— Leichardt/Brenan Street

5. Datenquelle: Source: www.business.nsw.gov.au

Planungsareal Site — Das Planungsareal ist ein Konversionsgebiet, das früher als Güterbahnhof genutzt wurde. Es liegt zwischen dem hochwertigen Wohngebiet von Leichardt, unweit des Stadtzentrums von Pyrmont-Ultimo, und dem Central Business District (CBD), direkt an der großen, ostwestlichen Hauptverkehrsachse der Metropole. Wir betrachten das Planungsareal als Teil eines Transformationsgebiets, das sich, in meist suburbaner Dichte, um das Stadtzentrum herum erstreckt. Der Ort kann für Wissensarbeiter, die für kurze oder lange Zeit nach Sydney kommen, höchst attraktiv sein, da er einen idealen Zugang zur City mit der Atmosphäre einer vorstädtischen Nachbarschaft verbindet. — The site is a conversion area, a former railway goods yard now located between the high-quality residential district of Leichardt, not far from the city centre of Pyrmont-Ultimo, and the Central Business District (CBD) close to the major east-west traffic route through the city. We see the site as a part of a transformation belt expanding around the centre of Sydney with suburban levels of density. It is a place knowledge workers coming to Sydney for shortish or longer periods are likely to find extremely attractive, since it combines optimum access to the city with a pleasant suburban neighbourhood atmosphere.

GLOBAL CITY   SUBURBIA

— Lilyfield/Foucart Street　　6— Balmain Road　　7— Blick auf das Planungsareal
View of the site

8— Blick von der Grove-Brücke
View from Grove Bridge

Infrastruktur Infrastructure — Neben der Wohnbebauung der angrenzenden Stadtteile ist das Grundstück umgeben von einem Industriegebiet und einem Hafenbereich am östlichen Teil des Planungsareals. Die indirekte Verbindung zum Wasser wird durch eine öffentliche Grünfläche ergänzt und verleiht der Ostseite einen Bezug zur Natur; ein kleiner öffentlicher Stadt-teilpark verstärkt diesen Bezug. An der Südseite des Grundstücks unterbricht eine Schnellstraße jede Verbindung zu an-grenzenden Stadtgebieten und schafft eine Restfläche mit Brachen und grünen Inseln. Das öffentliche Verkehrsnetz von Sydney besteht aus sechs verschiedenen Transportsystemen: Straßenbahn, Bus, U-Bahn, Zug, Monorail und Hafenfähren. Dazu kommt ein umfangreiches Straßen- und Autobahnnetz. Zwischen den einzelnen Systemen bestehen nur wenige Verknüpfun-gen; die meisten bedienen nur einen kleinen Teil der gesamten Stadt (Bus, U-Bahn, Zug) und stellen kein adäquates Transport-netzwerk für die sich endlos ausbreitenden Vororte von Sydney bereit. Aus der Analyse der Infrastruktur haben wir die Notwendigkeit unterschiedlicher Verbindungen abgeleitet: von einfachen Verbindungen zwischen dem Planungsgebiet und den direkt angrenzenden Quartieren bis hin zu Verknüpfungen mit den Zugangspunkten des öffentlichen Transportsystems.

Existierende Nicht-Wohnnutzung Non-residential uses   Zugänglichkeit Accessibility

+ Zugangsmöglichkeiten zur und Nutzung der ökonomischen Powerstruktur von Sydney   + Having access to and using Sydney's economic power structures

+ Nutzung des existierenden Unterstützungssystems in Sydney, um vorhandene urbane Strukturen aufzuwerten und neue hervorzubringen   + Using Sydney's existing support system to upgrade the existing urban structures and generate new ones

+ Erweiterung typologischer Optionen für zukünftige Nutzungen   + Extending the typological options for future users

+ Entwicklung von Bedingungen für Wissensarbeiter auf einem hohen Qualitätsniveau, aber zur gleichen Zeit auch die Nach-barschaft einbinden, die ihren Vorteil aus dem bereitgestellten System ziehen kann   + Developing high-quality conditions for knowledge workers, while simultaneously incorporating neighbours who benefit from the system that is provided

— Apart from the residential developments in the adjoining neighbourhoods the site is surrounded by an industrial area and a part to the east. There is an indirect connection with the water that is supplemented by a public park, which gives the eastern end of the site a link with the natural environment. A small public park in the residential area reinforces this link. The expressway to the south of the site severs all links with the adjoining neighbourhoods, creating a leftover area with derelict spots and green spaces. Sydney's public transport network consists of six different systems: trams, buses, underground, monorail, railways and ferries. In addition, there is a large network of roads and motorways. However, there are few links between the individual systems. Most of them serve only a small part of the entire city (bus, underground, rail), which means there is no fully integrated public transport network for Sydney's very extensive suburbs. The conclusion we drew from our analysis of the infrastructure is that there is a need for different connections between the neighbourhoods. These range from straightforward links between the site and the immediate surroundings to connections with the points of access to the public transport network.

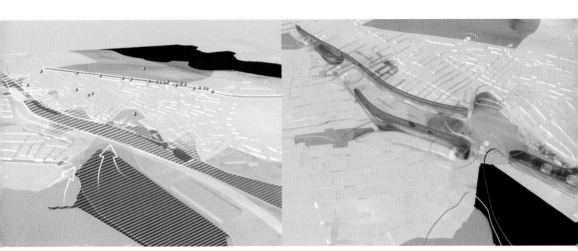

Potenziale des Planungsareals und der Nachbarschaft Site and neighbourhood potentials

Kombinierte Bedingungen des Planungsareals Combined site conditions

+ Das Planungsareal mit den Verkehrsflüssen verbinden und gleichzeitig die Nachteile des Verkehrs kompensieren (Lärm- und Abgasbelästigung) + Integrating the site into the urban traffic flows, while compensating for the downsides of the traffic (noise and air pollution)

+ Eine Plattform bieten, um die Umgebung für Dienstleistungen, Freizeitangebote und Arbeitsmöglichkeiten aufzuwerten + Offering a platform to upgrade the surroundings for services, leisure activities and job opportunities

+ Das bestehende Online-Dienstleistungsangebot nutzen und erweitern, Verbindungen zwischen bereits existierenden und neuen Firmen und Nutzern auf der Informations- und Kommunikationsebene anregen + Using and expanding the existing range of online services, encouraging links between existing and new businesses and users at the information and communication level

Die Information Provider haben das Potenzial, die unterschiedlichen Nachbarschaften auf flexible Weise miteinander zu verbinden und Orte zeitlich begrenzt zu aktivieren. Diese Informationszonen sind temporär und ephemer; ihre Nutzungen und Orte verändern sich je nach den Bedürfnissen der Anwohner. — These information areas are temporary and ephemeral. The area they cover changes in accordance with the users' needs. These areas have the potential to bridge the neighbourhoods in a flexible way and to reactivate certain areas.

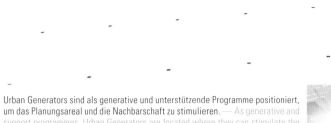

Urban Generators sind als generative und unterstützende Programme positioniert, um das Planungsareal und die Nachbarschaft zu stimulieren. — As generative and support programmes, Urban Generators are located where they can stimulate the site and the neighbourhood.

Der Space Provider soll spezifische nachbarschaftliche Außenräume verbinden, um das Planungsareal mit der Umgebung zu vernetzen. — The space providers are designed to create special neighbourhood contact zones so as to integrate the site into the surroundings.

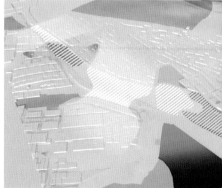

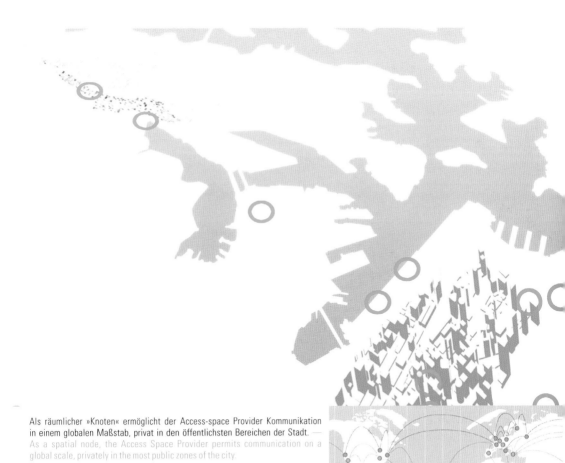

Als räumlicher »Knoten« ermöglicht der Access-space Provider Kommunikation in einem globalen Maßstab, privat in den öffentlichsten Bereichen der Stadt. — As a spatial node, the Access Space Provider permits communication on a global scale, privately in the most public zones of the city.

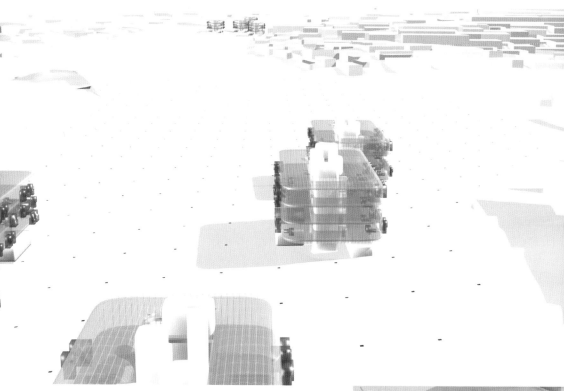

Die Nähe der Infrastrukturzugänge zieht kommerzielle und Büro-Nutzungen an. Aus diesem Grund wird die Typologie der Work Station an diesen Stellen platziert. —
The proximity of infrastructure access attracts commercial and office uses, which explains why the work stations are located in this areas.

Der Living Transformer wird in den Flächen positioniert, die zwischen den fest-
gelegten Typologien verbleiben. Das Organisationsprinzip ist eher offen und erlaubt
eine flexible programmatische Nutzung. — The Living Transformers are situated in
areas between the pre-determined zones. The organizational principle is adaptable
and permits flexible use of the programme.

DYNAMISCHES PLANUNGSWERKZEUG
DYNAMIC PLANNING TOOL

NUTZER USER

Die Planung des Quartiers ist als dynamischer Prozess angelegt. Wir planen eine Website, die eine Verbindung zwischen den Nutzern/Bauherren und den Planern/Entwicklern herstellt. Diese Website gibt eine Reihe von Optionen und interaktiven Entwurfsparametern vor, die die Planer/Entwickler für die Nutzer/Bauherren bereitstellen. Wahlmöglichkeiten bestehen hinsichtlich Größe, Nutzung, Layout, Stil, Ausstattung, Lokalisierung und Preis. Die Planer/Entwickler definieren diese Kategorien, sie verzichten aber auch auf einige ihrer Entscheidungsprivilegien. Dafür erhalten sie die Sicherheit, das, was sie bauen, auch verkaufen zu können. Die Planungs-Website ist ein interaktives Kommunikationswerkzeug: Sie bietet den Konsumenten, was sie suchen, und gibt den Entwicklern die Chance zu behaupten, was gefragt ist. — The planning of the site is conceived as being a dynamic process, and we propose running a website that will establish a link between the occupants/clients and the planners /developers. This website will specify a series of options and interactive design parameters that the planners / developers will make available to the occupants/clients. The options on offer include size, use, layout, style, fittings, location and price. While the planners/developers will define these categories, they will waive other of their decision-making privileges and gain the insurance that what they build will ultimately be sold. The planning website is an interactive communication tool giving the consumers what they want and the developers the chance to sell what is in demand.

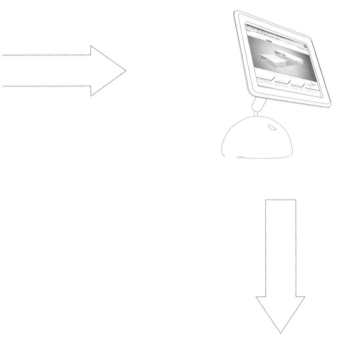

PLANER PLANNER

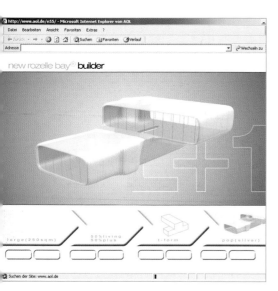

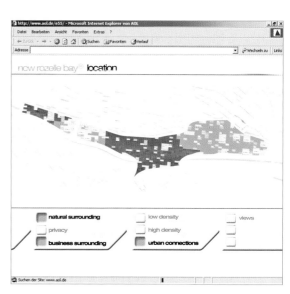

Erster Schritt: Co-Design Haus First step: co-designed house —
Bestimmung der Detaillierung des Living Transformer in Größe, Organisation, Form, Stil, Material und Ausstattung auf der Website des Entwicklers durch den zukünftigen Bauherren/Nutzer. — The future client / occupant specifies the size, organisation, shape, style, material and fittings of the Living Transformer on the developer's website.

Zweiter Schritt: Co-Design Haus Second step: co-designed house — Jetzt werden auf einer weiteren Webseite («Location») die Qualitäten der Nachbarschaft gewählt. Verfügbarkeit, Bedingungen des Ortes (privat, Ausblick, städtisch, Zugang, Natur) und Interessengleichheit mit möglichen Nachbarn werden zugänglich und sichtbar gemacht. — The preferred neighbourhood qualities are then selected on a different (location) website. Availability, local conditions (privacy, views, urban, access, nature) and similar interests to those of potential neighbours are made accessible and visualised here.

Der dynamische Planungsprozess zeigt, dass der Entwurf weder vollständig von den zukünftigen Nutzern bestimmt noch komplett durch die Planer kontrolliert wird. Die Idee ist die eines Co-Designs. Co-Design heißt maximale Wahlmöglichkeit und Kontrolle auf Seiten der Nutzer, kombiniert mit professioneller Beratung und Qualitätskontrolle durch die Planer. Das Resultat dieses Planungsprozesses sind Produkte, die auf die Bedürfnisse und Wünsche der Nutzer abgestimmt sind. Dynamik entfalten sie überdies, indem sie zu einer neuen Form sozialer Netzwerke und Gemeinschaftsbildungen im Stadtteil beitragen. — The dynamic planning process shows that the design is neither completely determined by the future occupants nor completely controlled by the planners. The idea for the planning process is Co-design. Co-design means maximum choice and control for the occupants combined with professional advice and quality control supplied by the planners. This planning process generates homes that are adapted to the needs and wishes of the occupants. They also develop a dynamic impact of their own by contributing to a new form of social networking and community building.

Dritter Schritt: Verhandelte Planung Third step: Negotiated Planning — Während der Besprechungen mit den professionellen Planungsberatern werden die Web-basierten Entscheidungen diskutiert und mit der entstehenden Nachbarschaft synthetisiert. Die zukünftige Position und die vom Nutzer vorgesehenen Set-ups des Gebäudes werden endgültig festgelegt. — The web-based decisions are discussed and integrated into the developing neighbourhood during meetings with professional planning advisors. The future location and design envisaged by the occupant are finalised at this stage.

Vierter Schritt: Implementierung Fourth step: implementation — Entsprechend den Plänen, die im digitalen Co-Designprozess entstanden sind, werden die Gebäude von örtlichen Bauunternehmen realisiert. — The buildings are constructed by local building companies to plans drawn up during the digital co-design-process.

Co-Design Living Transformer Co-designed Living Transformer — Die Planungsidee für die Living Transformer ist ein digitales Entwurfswerkzeug, das ein Co-Design ermöglicht, indem die vorgegebenen Designoptionen manipuliert werden können. Das führt zu einer großen Bandbreite an Möglichkeiten und einem Feld von einzigartigen Häusern. — The planning concept for the Living Transformer is a digital design engine that enables the pre-determined design options to be adapted, thus enabling a co-design. This opens up a wide range of possible choices and an array of unique houses.

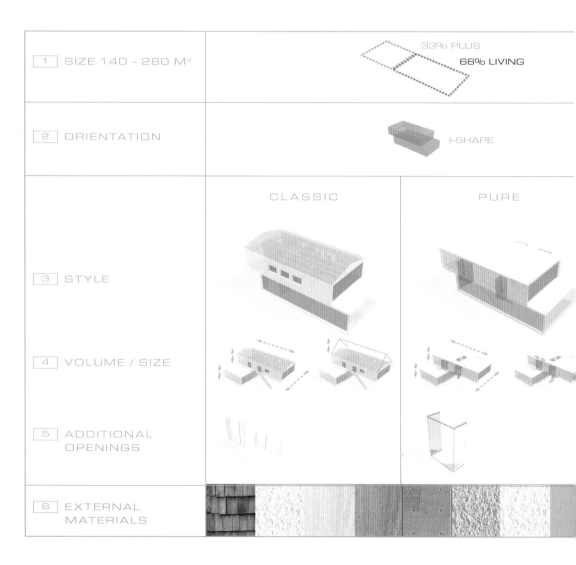

	CLASSIC	PURE
1 SIZE 140 – 280 M²	33% PLUS / 66% LIVING	
2 ORIENTATION	I-SHAPE	
3 STYLE		
4 VOLUME / SIZE		
5 ADDITIONAL OPENINGS		
6 EXTERNAL MATERIALS		

1— Drei grundsätzliche Größen dienen als Ausgangspunkt, zusätzlich kann jede dazwischen liegende Größe im Co-Design ausgewählt werden. Je nach individueller Präferenz kann bei der Nutzungsmischung zwischen einer 50%-Wohnen/50%-Plus-Nutzung oder einer 1/3 / 2/3-Aufteilung gewählt werden. Three basic sizes are offered as starters, and any size in between can be co-designed. Depending on individual preference, the choice for mixed use is between a 50% living and 50% + programme or a one-third to two-thirds division. 2— Drei Arten der räumlichen Orientierung sind bei diesen zweigeschossigen Gebäuden möglich: I-Form, L-Form und Z-Form. Diese Entscheidung führt zu verschiedenen Formen von Außenräumen. Three different shapes are possible for these two-storey buildings: an I-shape, L-shape or Z-shape. The different types of outdoor areas depend on the shape that is chosen. 3— Um individuelle Geschmackspräferenzen zu berücksichtigen, werden fünf Stile angeboten: «traditionell» mit typischem Satteldach, «minimal» mit Flachdach, «Achtziger» mit gerundeten Ecken für die Außenwände, Fußböden und Decken, «Neunziger» mit Rundungen in beide Richtungen und «zeitgenössisch» mit insgesamt weichen Wänden, Fußböden und Decken. Five styles are on offer to cater for individual tastes and preferences: a «classic» style with a typical pitched roof; a «pure» style with a flat roof; an «80s» style with rounded corners for the exterior walls, floors and ceilings; a «90s» style with rounded corners in both directions; and a «contemporary» style with softened walls, floors and ceilings throughout. 4— Der Nutzer kann in diesem Schritt innerhalb entwurfs- und produktionsspezifischer Grenzen die volumetrische Größe bestimmen. The user can adjust the volumetric sizes at this stage within specific design and production limits. 5— Jedes Design bietet eine Ebene der Detaillierung, die der strukturellen Logik des architektonischen Stils folgt. Die entsprechenden Öffnungen (Fenster und Türen) können an ganz spezielle Anforderungen angepasst werden. Each design offers details that follow the structural logic of the architectural style. The corresponding openings (windows and doors) can be adjusted to meet specific requirements. 6— Ein Spektrum von Materialien, Farben und Ausstattungsoptionen vervollständigt den Co-Design-Prozess. Das Resultat ist ein Gebäude mit einer individuellen Interpretation des Plus-Raumes. A range of materials, colours and options for the fittings and furnishings rounds off the co-design process. The outcome is a unique building with an individual programmatic interpretation of the «+ space».

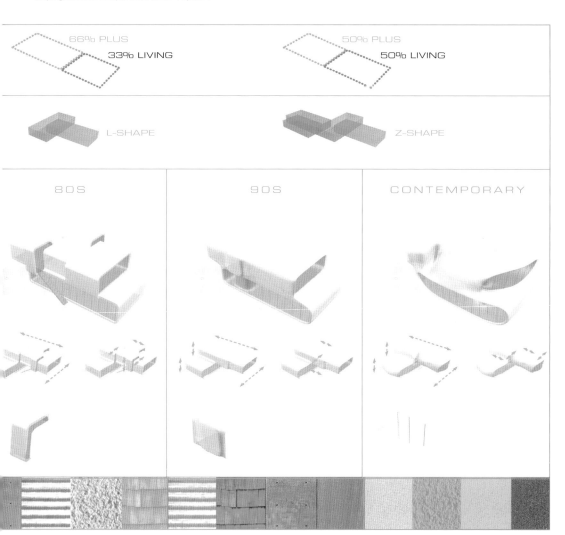

66% PLUS 33% LIVING 50% PLUS 50% LIVING

L-SHAPE Z-SHAPE

80S 90S CONTEMPORARY

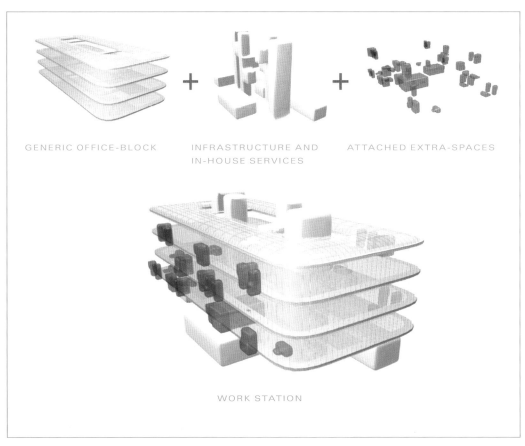

GENERIC OFFICE-BLOCK   INFRASTRUCTURE AND
                        IN-HOUSE SERVICES

ATTACHED EXTRA-SPACES

WORK STATION

Zusätzliche Plus-Bereiche – Ermöglichen des räumlichen Multi-Tasking von Arbeits- und Nichtarbeitsaktivitäten — Additional »+« spaces –
Facilitating the spatial multi-tasking of working and non-working activities

Work Station Work Station — Die neutralen Bürogeschosse sind minimal definiert und maximal flexibel in der Nutzung. Die zusätzlichen Elemente befriedigen die Bedürfnisse, die über typische Büroroutinen hinausgehen, wie etwa das Angebot privater Dienstleistungen, aber auch weitere arbeitsbezogene Funktionen. Die zusätzlichen Räume sind Module, die jederzeit an der Glasfassade oder im Innenraum platziert werden können. Die Module kann man online auswählen und bestellen, ihre Form und ästhetische Wirkung kann individuell kombiniert werden. Diese Elemente geben jedem Büro eine eigene Identität. Wie Möbel können sie geändert, erweitert oder transformiert werden. Im Ganzen gesehen wird die Work Station zu einem räumlichen Netzwerk für und von Firmen. Sie integriert Dienstleistungen, die von den Angestellten genutzt werden können, um innerhalb ihres Arbeitstages nicht-arbeitsbezogene Situationen herzustellen. — The standard office floors have a minimum definition to ensure maximum flexibility of use. The additional elements serve needs that go beyond typical office requirements, such as private services or extended work-related functions. These extra spaces are modules that can be positioned alongside the glass facade or integrated into the interior at any time. The modules can be selected and ordered on-line, and their shape and aesthetic expression can be individually combined. These elements give each office its own specific identity. Like items of furniture, they can be changed, extended or transformed. The Work Station develops into a spatial network of companies with connected or attached services that employees can use to create non-working situations during their working day.

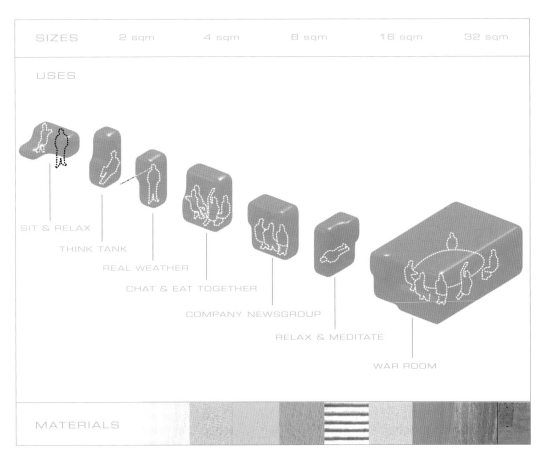

Die Module werden in einer Breite von 1,25 Metern oder einem Vielfachen davon hergestellt. Sie sind vorentworfen und bieten einen halb geschlossenen oder geschlossenen Raum, einen überdachten oder Außenraum, Sitz- oder Liegemöglichkeiten. Sie können auch genutzt werden, um die Fassade zu differenzieren und geschlossene Bereiche oder kleinere Öffnungen herzustellen. — The modules come in standard widths of 1.25 metres or multiples of 1.25 metres. These modules are pre-designed and offer an enclosed or semi-enclosed space, an outdoor or covered outdoor space and areas where you can sit or lie down. They can also be used to provide variation in the facade and to introduce self-contained areas or small openings.

Geplante Orte Planned locations — Um einen grundsätzlichen Rahmen für das mit den Nutzern zu verhandelnde Set-up von New Rozelle Bay zu entwickeln, haben wir alle Typologien außer der Living-Transformer-Typologie auf dem Grundstück positioniert. Im Zusammenspiel mit den durch die Topografie vorgegebenen und den infrastrukturellen Bedingungen schaffen die Typologien Zonen atmosphärischer Differenzierung. Die Atmosphären werden auf der Website als ortspezifische Qualitäten angeboten. Die Bauherren können bevorzugte Eigenschaften wie «bester Blick», «meister Außenraum», «bester Zugang» oder «am städtischsten» wählen. — In order to create a basic framework for the set-up of New Rozelle Bay, which will be negotiated with the future inhabitants, we installed all the units, with the exception of the Living Transformer, at the site. In their interaction with the infrastructure and the topography conditions, the units provide different zones with their own specific atmosphere. These atmospheres are put on offer on the website as location-related qualities. The clients can choose the features they prefer, such as «best view», «most outdoor units», «best access» or «most urban».

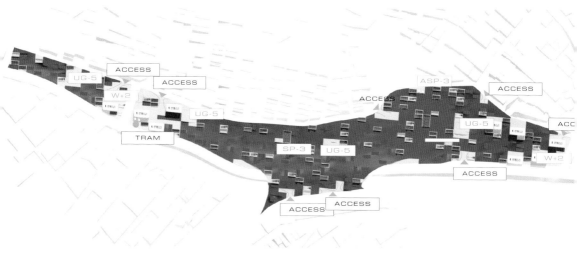

Platzierung der Typologien (außer Living Transformer) auf dem Grundstück Placing of typologies on site (except Living Transformer)

Fünf atmosphärische Zonen zur Platzierung der Living-Transformer-Typologien Five atmospheric zones for the possible location of the Living Transformer typologies

Privat Privacy   Ausblick Views   Städtisch Urban   Zugang Access   Natur Nature

L + 1

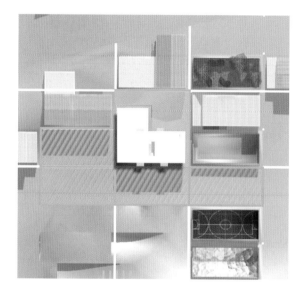

ew rozelle bay° **location**

natural surrounding   low density   views

privacy   high density

business surrounding   **urban connections**

Spielregeln für die kollektiv-individuelle Bebauung des Planungsgebietes Rules for the collective and individual development of the planning site — Die Bildung räumlicher und sozialer Nachbarschaften braucht Spielregeln, um zu einer attraktiven und funktionierenden städtischen Struktur zu führen. Der dynamische Planungsansatz umfasst eine große Bandbreite an Komponenten, die die Planung kontrollieren, und reicht von der üblichen stark determinierten Planung bis hin zu der interessanteren offeneren und verhandelten Planung. Im ersten Schritt haben wir die fixen Elemente definiert: Dazu gehören die Topografie, die «öffentlicheren» Einheiten wie der Urban Generator und der Accessspace Provider. In der Summe gestalten sie das «leere» Grundstück und stellen fünf grundsätzliche Qualitäten her. — Community building needs rules to ensure an attractive and functioning urban fabric. The dynamic planning approach offers a wide range of components to control the planning, ranging from the familiar extensive predetermination to a more interesting, open and mostly «self-negotiated» site development. As a first step we defined the «fixed» parts of the site, including the topography, and more «public» units such as the Urban Generator and Access Space Provider. Together they shape the «empty» site and provide five basic qualities.

 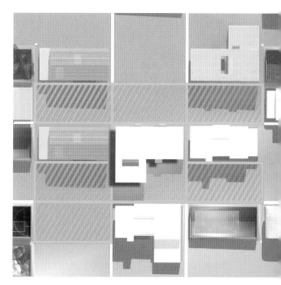

Um eine städtische Grundqualität zu gewährleisten, schlagen wir neben den vordefinierten Einheiten folgende Regeln zur Organisation der Living Transformer vor: — Alle Living Transformer müssen aus einem oder mehreren der fünf grundsätzlichen Stilangebote entwickelt werden; — alle Living Transformer müssen einen Plus-Raum aufweisen, der auch zum Wohnen genutzt werden kann; — das Grundstück ist reduziert auf die ein bis drei Felder, die für das eigentliche Gebäude benötigt werden; — die Felder sind 11 mal 22 Meter groß; — der Living Transformer muss mindestens von zwei Seiten öffentlich zugänglich sein, entsprechend den Gebieten auf dem Planungsareal müssen ein bis vier Seiten des Gebäudes an ein leeres Feld anschließen (diese Felder können auch Space-Provider-Einheiten beinhalten); — in manchen Gebieten des gesamten Planungsareals muss mindestens eine Seite des Gebäudes mit benachbarten Gebäuden verbunden sein. Diese Regeln stellen eine flexible, kommerzielle Nutzung der Plus-Räume sicher und transformieren die traditionelle Trennung von Straße, Gehweg, Vorgarten, Gebäude und Garten in ein offenes Feld mit Zwischenräumen privater und öffentlicher Nutzung. — To ensure an essentially urban quality we propose the following rules for the organisation of the Living Transformers by way of a supplement to the pre-defined units: — all the Living Transformer units must be composed of one or several of the five basic style options; — all the Living Transformer units must have a +space that can also be used for living purposes; — land ownership is restricted to the one to three plots needed for the actual building; — the plots are 11 by 22 metres in size; — the Living Transformer units must be directly accessible to the public on at least two sides; depending on the zones on the site, one to four sides of each building must be neighboured to empty plot (these plots can also accommodate Space Provider units); — in some zones on the site at least one side of the building must be connected to neighbouring buildings. These rules ensure the flexible, commercial use of the + spaces and transform the traditional separation of road, pavement, front garden, building and back garden into an open plot with interstitial spaces of private and public use.

Traditionelle Atmosphäre (Natur und Ausblick) Traditional atmosphere (nature and views)

Elegante Atmosphäre (Ausblick und Business

Mögliche Ergebnisse des dynamischen Planungsprozess Possible results of the dynamic planning process — Die atmosphärischen Vorschläge aus dem zweiten Planungsschritt werden von den Nutzern aufgegriffen und über das Abgleichen der individuellen Interessen in der entstehenden Gemeinschaft konkretisiert. Diese Stimulierung der Gemeinschaftsbildung wird von uns als Planer im dritten Schritt vertieft. Reaktiv zu den Vorstellungen der entstehenden Gemeinschaften greifen wir ein und unterstützen und verstärken die Atmosphären und Qualitäten aus dem co-design-Prozess. Damit verdichten wir die individuellen Präferenzen zu einem Netzwerk von Atmosphären. — The atmospheric suggestions from the second planning step are taken by the users and get specified through the interest matching of the developing community. This stimulation of community building is fostered by us as planners in the third step. Reactive to the interest of the developing community we intervene to support and enhance the atmospheres and qualities from the co-design process. We intensify the individual preferences to a network of atmospheres.

Elegant atmosphere (views and business)   Sportliche Atmosphäre (Natur und Zugang) Sportive atmosphere (nature and access)

WECHSELNDER URBANER STATUS
CHANGING URBAN STATES

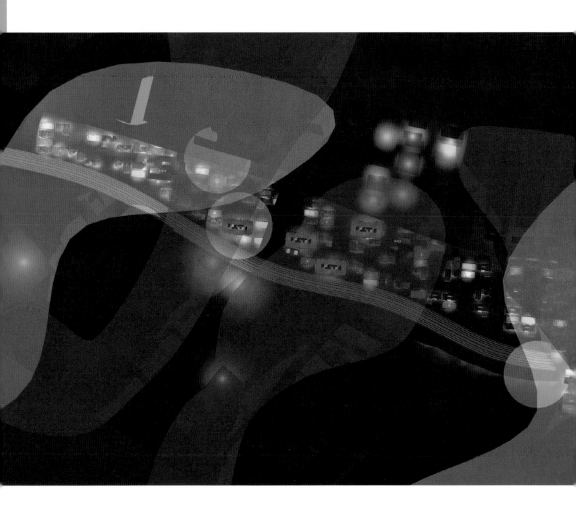

Wechselnder Status der urbanen Struktur Changing states of the urban fabric — Der faszinierendste Vorteil der hier vorgestellten Planungs- und Entwurfsmethode ist die dynamische Anpassungsfähigkeit der städtebaulichen Struktur. Die Basis ist der Plus-Teil der Living Transformer, der auf einfache Weise Aktivitäten jenseits des Wohnens und Dienstleistungen zu integrieren gestattet. Art und Umfang dieser Dienstleistungen ergeben sich auch aus den Bedürfnissen der Nachbarschaft. Im Laufe der Zeit wird das Areal unterschiedliche Grade von Dienstleistungsdichte durchlaufen. Ein Extrem wäre die Reduzierung der Wohnbereiche auf zwanzig Prozent der gesamten Nutzfläche, das andere Extrem eine maximale Ausbreitung der Wohnnutzung auf fünfzig Prozent der Fläche. Jeder Zustand dazwischen ist wahrscheinlich, und die Ansammlung oder Organisation der Dienstleistungen kann jede Form der Verteilung annehmen. Auf der städtischen Ebene schaffen diese Dienstleistungen eine Dichte des urbanen Lebens. Sie transformieren das vorstädtische Set-up in ein städtisches, ohne den vorstädtischen Maßstab und die Vorteile des suburbanen Lebensstils aufzugeben. — The most fascinating advantage offered by this system is the adaptability of the urban fabric. This is ensured by the + parts of the Living Transformers, which make it easy to integrate non-working activities and services. The nature and extent of these services depend on the needs of the neighbourhood. Over time the site will experience different levels of service density. One extreme would be a reduction of the residential space to 20% of the entire site programme. The other extreme would be a maximum extension of the residential space to 50% of the site programme. Any division in between is possible and the accumulation and organisation of these service areas can take on any form. On the urban level, these services give a dimension of density to urban life and transform the suburban setting into an urban setting, while integrating a suburban scale and agreeable aspects of the suburban lifestyle.

Dynamische Struktur im Detail Zoom-in of the dynamic urban fabric —— Der Ausschnitt zeigt den fließenden Austausch von Dienstleistungen, Verkaufsflächen oder Büroräumen innerhalb der Living Transformer. Die flexible Erschließung
ist notwendig, um die sich ändernden Konstellationen kleiner Geschäfte berücksichtigen zu können. Die Erschließung kann
sich auf solche Veränderungen einstellen, da sie minimal differenziert ist. Die Erschließungsfläche ist in gleicher Qualität
auf dem gesamten Grundstück vorhanden: Allein die Nutzung verwandelt die Oberflächen in den privaten/öffentlichen
Bereichen des Quartiers in Gehwege oder Straßen. Die Kommunikationszonen bilden die flexibelste Ebene und transformieren die Struktur in aktive oder passive, wenig oder hochgradig kommunikative Zonen. Das dynamische Zusammenspiel
von Programm, Zirkulation und Kommunikation ist die Essenz dieser neuartigen vorstädtischen Nachbarschaft: Komplexe
Stadt, jenseits des Sprawls. —— This section deals with the fluid exchange of services, retail and office space in the Living
Transformers. A flexible circulation system is needed to respond to the changing composition of the small business
areas. It can readily adapt to the changes because it comprises only minor differences. The circulation area is spread
equally across the entire site with the respective uses transforming the surfaces in the public / private areas into roads or
pavements. The communication zones are the most flexible layer, transforming the fabric into active or passive, low- or
high-level communication areas. The dynamic interplay of programme, circulation and communication forms the essence
of this new-style suburban neighbourhood that constitutes a composite urban area beyond the sprawl.

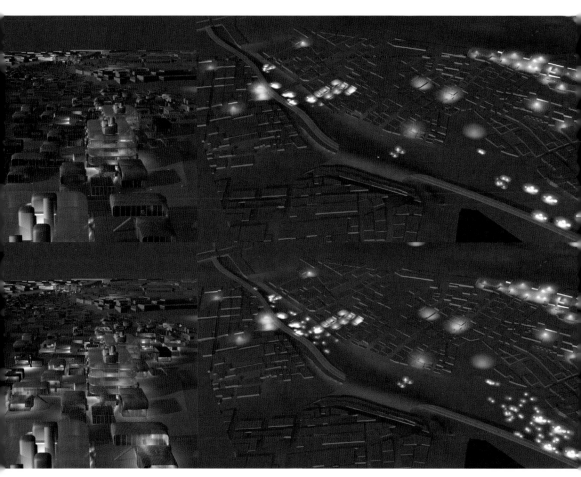

Veränderung der Nicht-Wohnnutzung – Minimum: 40% der bebauten Fläche Changing non-living programme – minimum 40% of building area

Programmatische Flexibilität Programmatic flexibility — Speziell die Typologie des Living Transformer erlaubt individuelle räumliche Praktiken. Die möglichen Aktivitäten reichen von reinem Wohnen bis hin zu jeder Form von Einzelhandels-, Freizeit-, Arbeits- oder Dienstleistungsaktivität. Der Plus-Bereich kann ohne großen Aufwand von einer Aktivität in eine andere konvertiert werden. Ein hohes Potenzial, verbunden mit wenig Risiko, wird bereitgestellt, und die Nutzungen können im Hinblick auf unterschiedliche ökonomische Situationen angepasst werden. Die automatische Einbettung der kommerziellen Nutzungen in das Kommunikationsnetzwerk ermöglicht einen sofortigen Zugang der Konsumenten, daher werden neue Aktivitäten einfach gefunden und akzeptiert. Im Gegensatz zu der sich ändernden Nutzung des Living Transformer bleiben einige Typologien stabil in ihrem Programm, speziell der Urban Generator, der konstant quartiersbezogene und soziale Dienstleistungen bietet. Der Inhalt dieser Dienstleistungen mag sich ändern, aber grundsätzlich bleibt er ein unterstützendes Programm. — The Living Transformer typology, in particular, allows space to be handled individually. The possible activities range from purely residential to any form of retail, leisure, work or service activities. The + part can be converted from one activity to another without any great effort. A high potential is combined with a low risk and the programmes can be adapted to cater for different economic situations. The automatic integration of the commercial uses into the communication network ensures instant exchange between the consumers, making it easy to find and accept new activities. In contrast to the changing use of the Living Transformers, some of the typologies remain stable in their general programme, especially the Urban Generator, which provides regular community and social services. The content of these services may change, but it remains essentially a support programme.

Veränderung der Nicht-Wohnnutzung – Maximum: 70% der bebauten Fläche Changing non-living programme – maximum 70% of building area

Flexible Zirkulation Flexible circulation — Die Verkehrserschließung folgt dem Modell eines nichthierarchischen Netzwerks: Es wird kaum zwischen Gehweg und Straße unterschieden. Einige Hauptstraßen sind vordefiniert, doch die Nebenstraßen sind Teil des «Zirkulationsfeldes». Dieses ermöglicht multidirektionale Zirkulation und mischt Auto- und Fußgängerrouten. Auf diese Weise verlangsamt sich die Autozirkulation auf den Nebenstraßen, gleichzeitig sind verschiedene Zugangswege zu den Gebäuden möglich und nicht vorherbestimmt. Die Zirkulation ist in dieser Planung weniger ein generatives Element als vielmehr eine Konsequenz der Positionierung und Dichte der Gebäude und ihrer Nutzungen. — The car and pedestrian circulation system is based on the principles of a non-hierarchical network structure. There is little distinction between a road and a pavement. Some main roads are laid down in advance, but the minor roads form part of a circulation zone. This allows for multi-directional circulation and provides a mixture of car and pedestrian routes. Car circulation on the minor roads is thus slowed down. At the same time, multiple forms of access to the various buildings are possible, which are not determined in advance. Circulation is less a generative element within the urban planning and more a consequence of the density and location of the buildings and the uses to which they are put.

Veränderung der Zirkulation Changing circulation

Kommunikationsterritorien Communication areas — Die Kommunikationsterritorien (zugänglich über den Information Provider) operieren in unterschiedlichen Maßstäben. Das Individuum kann sic als Firmenschild oder Werbung benut-
zen, Gruppen können offene oder halb offene Kommunikationszonen haben, und ihr Inhalt kann privat, öffentlich, geschäft-
lich oder freizeitorientiert sein. Diese Territorien werden zu einer zweiten Ebene, welche die städtische Struktur ergänzt
und erweitert. Um diese zweite Ebene herzustellen, wird es notwendig sein, ortsansässige Firmen einzubeziehen, zum Beispiel Lucent Technologies oder Motorola, die in Sydney eigene Forschungs- und Entwicklungszentren betreiben. Die Nutzung der Kommunikationsterritorien muss für die Bewohner offen zugänglich sein, damit sie Informationen bereitstellen
oder erhalten können. Wahrscheinlich werden die Mobiltelefone die notwendigen Zugänge ermöglichen. Damit sicherge-
stellt ist, dass alle Bewohner von New Rozelle Bay partizipieren können, wird jede Einheit mit einem PDA ausgestattet. So
erhält jeder einen mobilen Zugang zu Information. — The communication areas (accessible by the Information provider)
work on different scales. Individuals can use them as company signs or for advertising, groups can have open or semi-open
zones of communication, and the content can be private, public, business or leisure. These areas develop into a second
layer, supplementing and extending the urban fabric. To generate this second layer it will be necessary to involve Sydney-
based companies like Lucent Technologies and Motorola, which have their own R&D centres in the city. The use of the communication areas must be open to the residents so that they can provide and receive information. Mobile phones will probably provide the requisite technical access, but to ensure that everyone living in New Rozelle Bay can participate, each unit
will have a personal digital assistant (PDA) to give everyone mobile access to information.

Veränderung der Kommunikationsterritorien Changing communication territories

SZENARIEN
SCENARIOS

PETER

LINDA + PAUL + MARA

JOHN + JEROME

YATSUKI + DUONG

PETER

(2)

1— 07:20 Aufstehen Getting up 07:30 Frühstück und Zeitunglesen zu Hause Breakfast at home and reading the newspaper **2**— 08:30 Beginn der ersten Schulung: ein Einstiegskurs für die Arbeit mit dem Computer (UG-5) Beginning his first training class – a start-up course introducing work with computers (UG-5) **3**— 12:20 Auf dem Weg zum Mittagessen sucht er mit dem PDA die Umgebung nach einem möglichen Diskussionspartner für seine Geschäftsidee ab (IP-6) On his way to lunch, checking the surroundings with a PDA for somebody to discuss his business idea with (IP-6) **4**— 12:30 Mittagessen in einem Bistro, einige Übungen am PC (L+1) Lunchtime in a bistro, some exercises at a PC (L+1) **5**— 13:30 Busfahrt zum CBD Going to the CBD by bus **6**— 14:00 Beginn der Spätschicht für das Kaufhaus im Queen-Victoria-Gebäude Starting the late shift at the department store in the Queen Victoria Building **7**— 20:30 Busfahrt nach Hause Going home by bus **8**— 21:00 Abendessen Having dinner **9**— 22:00 Teilzeitarbeit in der Bar »90hours« als Barkeeper, um die eigene Geschäftsgründung zu finanzieren. Die Leute kommen auf ein paar Drinks hierher, einige gehen danach wieder zurück zur Arbeit. (L+1) Part-time work as a barkeeper in the »90hours«, a small bar, to finance his

Peter (28) Peter (28) —— Peter wohnt in einem kleinen Apartment in Leichardt, nahe New Rozelle Bay, und arbeitet als Teilzeitangestellter in einem Kaufhaus im Queen Victoria Building. An einigen Abenden arbeitet er zusätzlich in einer Bar, denn er will genug Geld für seine geplante Selbständigkeit zusammenbekommen. Er möchte einen Lebensmittelladen eröffnen und benötigt spezielles Wissen und Hilfe, um sein Geschäft erfolgreich in Gang zu bringen. —— Peter lives in a small apartment in Leichardt near the New Rozelle Bay site and works part-time at a department store in the Queen Victoria Building. He works a few nights in a bar to earn enough money to start his own business. He plans to open a small retail and grocery shop and needs specialised knowledge and assistance to establish his business successfully.

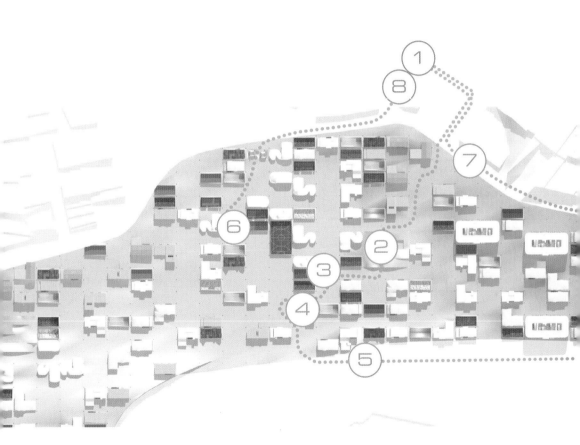

start-up. People come here after work for a drink, some of them return to their offices. (L+1) Peter ist noch nicht mit der Online-Gemeinschaft vernetzt. Peter is not yet connected to the community's on-line service.

Wissenstransfer und Techniken der ICT-Nutzung (unterstützendes Netzwerk des Urban Generator) Knowledge transfer and techniques for using ICTs (Urban Generator support network) – Gesponserte Ausstattung ermöglicht es den weniger vernetzten Bewohnern teilzunehmen. Sponsored equipment enables people with fewer network connections to participate. – Möglichkeit zum Üben an unterschiedlichen Orten Opportunity to train at various places – Unterschiedliche Dienstleistungsfirmen bieten vielfältige Arbeitsmöglichkeiten. Different service companies provide a wide range of job opportunities.

1 — 06:30 Aufstehen Getting up 06:45 John frühstückt mit seinem Sohn und sucht mit seinem PDA nach einem neuen Büroraum (L+1 und IP-6). Having breakfast with his son and searching for new office space on his PDA (L+1 and IP-6). **2** — 07:15 John beginnt mit der Arbeit, während sein Sohn nebenan spielt (L+1). Starting work, while his son plays next door (L+1). 08:00 Besprechung mit den Mitarbeitern (L+1) Briefing his staff for the day (L+1). **3** — 09:30 John bringt seinen Sohn zur Kinderbetreuung und fährt mit dem Pkw zu einer Besprechung im Stadtzentrum (UG-5). Taking his son to the day-care centre and driving to a meeting in the city centre (UG-5). **4** — 10:00 Besprechung mit einem neuen Klienten im Stadtzentrum. Meeting a new client in the city centre. **5** — 11:30 Mittagessen im Stadtzentrum, eine kleine Pause, um sich zu entspannen, E-Mails abzurufen und eine Putzhilfe für seine Wohnung zu organisieren (ASP-3). Having lunch in town and taking time out to relax, checking mails and arranging for someone to clean his house (ASP-3). **6** — 12:45 Zurück im Büro, arbeiten (L+1). Back at work in the office (L+1). **7** — 15:30 Die wöchentliche Verabredung zum Tennisspiel mit einem Freund (SP-4). Weekly date with a friend to play tennis on the outdoor court (SP-4) 16:30 Zurück ins Büro, duschen und weiterarbeiten (L+1). Returning to the office, taking a shower and continuing work (L+1). **8** — 18:00 John holt seinen Sohn von der Kinderbetreuung ab, kommt an einem «Post-it»-Bereich vorbei und erhält eine Einladung zu einer Zen-Garten-Geburtstagsparty am selben Abend

John (38), Rechtsanwalt und Jerome (2) John (38), lawyer and Jerome (2) — John hat seit drei Jahren ein Büro in New Rozelle Bay. Das Geschäft hat sich gut entwickelt, und er möchte seine Firma vergrößern. Bald wird sein Haus (L+1) nur noch zum Wohnen dienen, und Jerome wird einen größeres Zimmer bekommen. — John has had an office in New Rozelle Bay for three years now. His business is going well and he would like to expand. Soon his house (L+1) will be for living purposes only and Jerome will have a bigger room to himself.

(UG-5 + IP-6). Picking his son up from the childcare centre, passing by one of the post-it areas and receiving an invitation for a Zen garden birthday party in the evening (UG-5 + IP-6). **19:00** John kümmert sich um seinen Sohn, und sie essen gemeinsam, nachdem er einen Babysitter für den Abend organisiert hat (L+1). Looking after his son and having dinner after organising a nanny for the evening so that he can go to the Zen garden party (L+1). **9** — **20:00** John zeigt dem Babysitter die Wohnung und geht dann zur Zen-Garten-Party (L+1). Showing the nanny around, leaving for the party (L+1) **23:00** John kommt von der Party zurück und geht zu Bett (L+1). Returning from the party and going to bed (L+1).

ICT-gestützte Organisation der häuslichen Arbeit ICT-based organisation of household work — Bequemer Zugang bei Bedarf Easy access on demand — Eingebettete Zugänge Embedded access — Soziale Dienstleistungen ermöglichen eine flexiblere Lebensführung. Social services allow a more flexible lifestyle.

3

1 — 07:00 Aufstehen und zusammen frühstücken (L+1) Getting up and having breakfast together (L+1) 07:15 Während des Frühstücks ruft Paul die Bestellungen über seinen PDA ab (L+1, IP-6). Over breakfast Paul uses his PDA to check the orders for the day (L+1, IP-6). 08:00 Mara geht zur Schule, Linda öffnet ihren Fahrradladen, Paul arbeitet in seinem Büro, ruft E-Mails ab und organisiert seinen Tag (L+1). Mara goes to school, Linda opens her bicycle repair shop, Paul works in the office checking e-mails and organizing his day (L+1). **2** — 09:30 Paul beauftragt Andreas, seinen Mitarbeiter, mit einigen Auslieferungen in der Nachbarschaft (L+1). Paul sends his employee, Andreas, to perform a home service in the neighbourhood (L+1). 10:30 Linda schickt über ihren PDA ein Angebot für New Rozelle raus: Fahrradinspektion zum Spezialpreis (IP-6). Linda sends out a PDA notice for the New Rozelle area announcing reduced prices for bicycle checks (IP-6). **3** — 11:00 Paul liefert das Essen für eine Besprechungslounge in der Nähe der Brücke aus (W+2). Paul delivers some food to the conference room at the bridge (W+2). **4** — 12:30 Linda, Paul und Andreas verbringen ihre Mittagspause in einem Garten, den sie für eine Stunde gemietet haben. Linda und Paul haben ihre PDAs so eingestellt, dass sie in dieser Zeit ihre Geschäfte verfolgen können (ASP-3). Linda, Paul and Andreas have lunch in one of the gardens they have rented for an hour. Linda and Paul have set their PDAs to check their business during lunch (ASP-3). **5** — 12:45 Mara erhält zu Hause eine PDA-«post-it»-Nachricht, wo ihre Eltern während der Mittagspause zu finden sind, und schließt sich ihnen an (IP-6). 12:45 Mara receives a PDA post-it at home telling

Linda (41) und Paul (45), verheiratetes Paar, und Mara (18) Linda (41) and Paul (45), married couple, and Mara (18)
— Linda und Paul haben sich von Teilzeitangestellten zu Selbständigen entwickelt. Sie waren unter den Ersten, die ein Living-Transformer-Haus (L+1) in New Rozelle Bay gekauft haben. Paul betreibt ein Kurier- und Servicegeschäft, Linda eine Fahrradwerkstatt. Mara geht noch zur Schule. — Linda and Paul were formerly part-time workers but are now self-employed. They were one of the first to buy a Living Transformer house (L+1) in New Rozelle Bay. Paul runs a courier and service business and Linda a bicycle repair shop. Mara is still at school.

her where she can find her parents during the lunch break and she joins them there (IP-6). **6**— 14:30 Nach den Hausaufgaben hilft Mara aus und macht einige Auslieferungen in New Rozelle Bay (L+1, W+2, UG-5). Auf ihrem Weg erhält sie eine PDA-Einladung zu einer Zen-Garten-Party am selben Abend (IP-6). After doing her homework, Mara helps out by making deliveries throughout New Rozelle Bay (L+1, W+2, UG-5). On her way she receives a PDA invitation to a Zen garden party in the evening (IP-6). **7**— 19:00 Paul schließt sein Geschäft, kontrolliert die Bestellungen für morgen und erhält eine Einladung für eine Ausstellungseröffnung. Paul closes his business, checks the orders for the next day and receives an invitation to an exhibition that evening. Linda und Paul essen zu Abend, Mara ist mit ein paar Freunden zur Zen-Garten-Party gegangen (L+1). Linda and Paul having dinner; Mara is out with some friends on her way to the Zen garden party (L+1). **8**— 20:30 Linda und Paul gehen zu der Ausstellungseröffnung ihrer Nachbarn (SP-4). Linda and Paul going to a neighbour's outdoor exhibition in the patio (SP-4). **9**— 22:00 Linda und Paul kommen nach Hause und gehen zu Bett (L+1). Linda and Paul come home and go to bed (L+1). 23:00 Mara kommt nach Hause und geht zu Bett (L+1). Mara comes home and goes to bed (L+1).

Vom Raumkonsumenten zum Dienstleistungsanbieter From space consumer to service provider

YATSUKI + DUONG

1— 08:30 Yatsuki und Duong stehen auf und frühstücken. Yatsuki bereitet ein Interview mit einem Paar vor, das in New Rozelle Bay lebt, seit es den Stadtteil gibt (L+1). Yatsuki and Duong get up and have breakfast, Yatsuki prepares an interview with a couple who have lived in New Rozelle Bay from the very beginning (L+1). **2**— 09:00 Yatsuki arbeitet an seinem Interview, Duong konferiert über Video mit einem Klienten in Tokio (L+1). Yatsuki works on his final interview, Duong has a videoconference with a client in Tokyo (L+1). **3**— 12:30 Duong geht mit ihrem PDA hinaus, um einen schönen Ort für ihre Zen-Garten-Party am Abend zu finden, hinterlässt eine Einladung im «Post-it»-Bereich und bestellt über einen Kurierdienst einige Partyartikel (IP-6). Duong gets out her PDA to find a nice place to have a Zen garden party that evening, leaves an invitation in the post-it sector and orders some party articles from the courier service (IP-6). **4**— 12:30 Yatsuki isst in einem Büro-Café zu Mittag, arbeitet an seinem PC und schickt sein Interview zu seinem Redakteur in Tokio (W+1). Yatsuki has lunch in an office café, does some work at a PC and sends the interview to his editor in Tokyo (W+1). 12:45 Duong schließt sich dem Mittagessen an (W+1). Duong joins him for lunch (W+1). **5**— 13:30 Yatsuki macht sich auf den Weg zu einer Interview-Verabredung um 14 Uhr, Duong geht nach Hause und arbeitet weiter (L+1). Yatsuki leaves for an interview appointment at 2 p.m.; Duong goes back home and continues working (L+1). **6**— 15:00 Duong und Yatsuki treffen sich bei der Rasenfläche, die sie an allen Werktagen zur gleichen Zeit für ihre Tai-Chi-Übungen gemietet haben (ASP-4). Duong and Yatsuki meet at the outdoor grass unit

Yatsuki (27) und Duong (25) Yatsuki (27) and Duong (25) — Yatsuki und Duong sind für sechs Monate in Sydney und haben ein kleines Haus in New Rozelle Bay gemietet. Duong ist Webdesignerin, und Yatsuki arbeitet für ein japanisches Magazin und muss einige Leute aus Sydney, speziell aus New Rozelle Bay, interviewen. — Yatsuki and Duong are staying in Sydney for six months and have rented a small house in New Rozelle Bay. Duong is a web designer and Yatsuki works for a Japanese magazine. He has to interview some people from Sydney, especially from New Rozelle Bay.

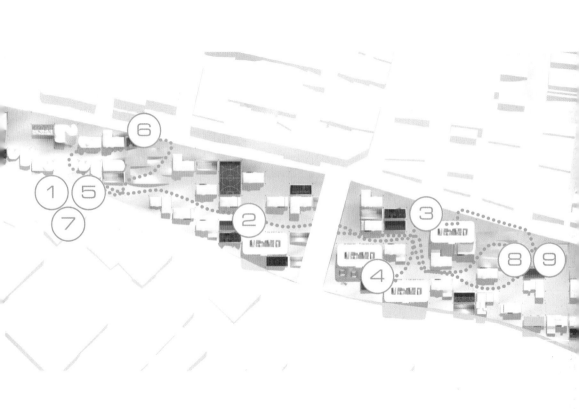

they have booked every weekday at the same time to practise Tai Chi (ASP-4). **7**— 15:30 Duong und Yatsuki arbeiten zu Hause weiter (L+1). Duong and Yatsuki do some more work at home (L+1). 19:00 Duong und Yatsuki kommen zum Zen-Garten, wo die Partyartikel schon angeliefert worden sind. Sie beginnen mit den Vorbereitungen (ASP-4). Duong and Yatsuki arrive at the Zen garden party venue where the party articles are delivered; Yatsuki and Duong begin making preparations (ASP-4). **8**— 20:00 Die Zen-Garten-Party beginnt (ASP-4). The Zen garden party starts (ASP-4). **9**— 24:00 Die Zen-Garten-Party ist zu Ende. Yatsuki und Duong verlassen den Bereich so, wie er ist. Sie haben für den nächsten Morgen einen Reinigungsdienst organisiert (ASP-4, IP-6). The Zen garden party ends. Yatsuki and Duong leave everything as it is, since they have organised a cleaning service for the next morning (ASP-4, IP-6).

Einfache und schnelle Anschlüsse an Gemeinschaften Easy and fast plug-in to communities — Möglichkeiten für persönliche Routinen Opportunities for personal routines — Einfache und schnelle Anschlüsse an gewerbliche Netzwerke Easy and fast plug-in to commercial networks

SERVE CITY

DIE STADT AKTUALISIEREN UPDATING THE CITY

WILFRIED HACKENBROICH, REGINA SONNABEND

Wir haben in dieser Publikation Analysen zu den Veränderungen von Arbeit und Leben unter dem Einfluss der neuen Informations- und Kommunikationstechnologien sowie ihre möglichen Wirkungen für das städtische Leben vorgestellt. Am Beispiel einer Entwurfsstudie für ein zukünftiges Dienstleistungsquartier in Sydney zeigen wir eine Reihe von Strategien für einen «interaktiven Urbanismus» auf. Es sind methodische Ansätze, mit denen Gestalter und städtische Politik auf die fundamentale Transformation von individueller Lebensführung und funktionaler Organisation der postfordistischen Stadt antworten können. Wir fassen unsere wesentlichen Argumente im Folgenden zusammen. — This publication contains analyses of both the changes in working and living conditions brought about by information and communication technologies and their potential impact on urban life. Using a design study for a future services neighbourhood in Sydney, Australia, as an example, we highlight a number of strategies for an «interactive form of urbanism». These methodical approaches enable designers and urban policy-makers to respond to the fundamental transformation of the conduct of everyday life and functional organisation in post-Fordist cities. The following is a summary of our key arguments.

In der globalisierten Ökonomie werden Produktions- und Arbeitsweisen neu formiert. Durch Arbeitszeitflexibilisierung, Outsourcing, Teleheim- und Teilzeitarbeit sehen sich immer mehr Arbeitskräfte in den Industrieländern aus traditionellen Beschäftigungsverhältnissen freigesetzt. Als «Selbstunternehmer ihrer Arbeitskraft» müssen sie die sozialen und organisatorischen Strukturen, zu denen sie ehemals in den Betrieben und Institutionen Zugang hatten, nun individuell rekonstruieren. Die Kooperation zwischen Selbstunternehmern und transnational operierenden Konzernen erzeugt ein Kommunikationsnetzwerk jenseits der Unternehmensgrenzen. Es löst traditionelle hierarchische Kommunikationsstrukturen auf. — Production and working methods are being reorganised in the globalised economy. As a result of the flexibilisation of working time, of outsourcing, tele-homework and part-time work, more and more employees in the industrialised countries are being released from traditional forms of employment. As «self-entrepreneurs of their own labour» they are obliged to reconstruct for themselves the social and organisational structures they previously had access to in the companies and institutions where they worked. Cooperation between self-entrepreneurs and transnational companies establishes a communication network that operates beyond company limits and breaks up traditional, hierarchical communication structures.

FIRMENWELT ▦ **INDIVIDUELLE WELT**

COMPANY WORLD ▦ INDIVIDUAL WORLD

ANGESTELLTE ▦ **SELBSTUNTERNEHMER**

EMPLOYEES ▦ SELF-ENTREPRENEURS

HIERARCHIE ▦ **NETZWERK**

HIERARCHY ▦ NETWORK

Was heißt das für die Stadt? — Der Arbeitsplatz verlagert sich für immer mehr Menschen in den persönlichen Lebensbereich: Das Home-Office ist nur ein Beispiel für diesen Trend. Produktionsressourcen, die den Arbeitskräften einst im Unternehmen zur Verfügung standen, werden jetzt im städtischen Raum gesucht. Die Stadt wird zum Netzwerkraum allgegenwärtiger Produktion. Sie trägt dazu bei, den Verlust der Firmenstruktur zu kompensieren. — What does this mean for the city? — More and more people are having their workplaces transferred into the private domain. The setting up of home offices is just one instance of this trend. Production resources that employees once had access to in the companies where they worked are now being sought in the urban space. The city is turning into a network space of ubiquitous production. It is helping to compensate for the loss of corporate structures.

Die Arbeitsleistung wird nicht mehr quantitativ nach der investierten Zeit bewertet, sondern qualitativ nach ihrem Ergebnis. Dies verändert die Arbeitsweise: Leistungsverdichtung und Arbeitszeitentgrenzung zählen zu den Strategien von Firmen und auch von Selbstunternehmern, um Leistungsziele innerhalb einer bestimmten Zeit erreichen zu können. Immer mehr Arbeitskräfte definieren ihre Arbeitsweise und die Organisation ihrer Arbeit selbst. Dafür beanspruchen sie erweiterte Entscheidungsspielräume und entwickeln eigenständig zeitlich-räumliche Routinen zur Strukturierung von Arbeit und Leben, kurz: ihres Alltags. Die Kontrolle des Betriebes, des Auftraggebers, beschränkt sich auf die Bewertung der Arbeitsergebnisse von konkurrierenden Anbietern. — Work performance is no longer assessed in quantitative terms on the basis of the time invested, but in qualitative terms on the basis of results. This is changing working methods. Intensification of performance and the de-limitation of working time are among the strategies employed by companies and self-entrepreneurs to obtain the desired results within a given time. More and more employees are determining their working methods and organisation themselves. The extended scope for decision making this entails enables them to work out time and space routines of their own, thus putting them in a position to structure their everyday working and private lives. The control exercised by the company, by the employer, is limited to an evaluation of the results achieved by competing providers.

KOLLEKTIVE ROUTINEN ▬▬ **INDIVIDUALISIERTE ROUTINEN**
COLLECTIVE ROUTINES ▬▬ INDIVIDUAL ROUTINES

PLANUNG ▬▬ **SELBST-ORGANISATION**
PLANNING ▬▬ SELF-ORGANIZATION

KONTROLLE ▬▬ **SELBST-KONTROLLE**
CONTROL ▬▬ SELF-CONTROL

Was heißt das für die Stadt? — Die individuellen Lebensstrukturierungen führen zu komplexeren Aktivitätsmustern als zuvor und erhöhen das Tempo von Veränderungen. Neue Aktivitätsmuster und die Richtung von Veränderung sind kaum noch prognostizierbar und planbar. Die Stadt muss deshalb als sich selbst organisierendes System, ähnlich wie die Computerprogramme Gnutella, Linux oder Napster, gedacht werden. Diese Plattformen schaffen Möglichkeiten und Set-ups für eine persönliche Aneignung und ein eigenes Tempo. — What does this mean for the city? — The way people structure their individual lives is leading to more complicated activity patterns than in the past and is accelerating the pace of change. It is almost impossible to forecast and predict new activity patterns and the direction that changes will take. Hence the city must be conceived of as a self-organising system, like the computer programmes, Gnutella, Linux and Napster. These platforms create opportunities and set-ups for personal appropriation and individual speed.

Die Produktivität der transnational vernetzten Unternehmen basiert auf einer unmittelbaren und stetigen Kommunikation mit den Märkten, deren Warenproduktion durch individualisierte Lebensstile und Geschmackspräferenzen bestimmt ist. Der Anteil der materiellen Produktionsarbeit wird in den Industrieländern fortschreitend mit Hilfe informatisierter Maschinen rationalisiert. Der Anteil der immateriellen «Wissensarbeit» nimmt zu: Diese Arbeit steuert, regelt, kontrolliert und entwirft die materielle Produktion. Auch private Haushalte reduzieren ihre materielle Eigenarbeit: Sie vergesellschaften die häusliche Reproduktionsarbeit durch den Einsatz von Haushaltstechnologie oder in Form bezahlter Dienstleistungsarbeit für Haushaltshilfen, Kinderbetreuung, Pflege und so weiter. Was bleibt, ist die Steuerung und Organisation des eigenen Haushalts. — The productivity of trans-nationally networked companies is based on immediate and constant communication with the markets, in which the production of commodities is determined by individualised lifestyles and preferred tastes. In the industrialised countries, the share of material production work is being progressively rationalised with the help of computerised machines. The share of immaterial «knowledge work» is increasing. This work steers, regulates, controls and designs material production. Private households are also reducing the amount of material work they perform themselves. They socialise domestic re-production work by making use of household appliances or by employing the services of home helps, child minders, carers, etc., leaving just the control and organisation of the household to be attended to.

RE-PRODUKTION ▬▬▬ ORGANISATION + SYNCHRONISATION
RE-PRODUCTION ▬▬▬ ORGANISATION + SYNCRONIZATION

STANDARDISIERUNG ▬▬▬ INDIVIDUALISIERUNG
STANDARDISATION ▬▬▬ INDIVIDUALISATION

MOBILITÄT ▬▬▬ ZUGANG
MOBILITY ▬▬▬ ACCESSIBILITY

TRENNUNG ▬▬▬ INTEGRATION
SEGREGATION ▬▬▬ INTEGRATION

Was heißt das für die Stadt? — Individualisierte Produzenten und Kleinstunternehmer brauchen Zugänge zu den globalen Netzwerken der Produktion: sowohl in Form von technologischer Infrastruktur als auch in Form von Kooperationsmöglichkeiten. Vernetzte, funktionsgemischte Stadtquartiere schaffen konzentrierte «Gelegenheitsstrukturen» für die Kooperation und den Austausch unterschiedlicher Wissensformen. Planung muss deshalb Zugänge zu Informations- und Kommunikationssystemen ermöglichen, und zwar über die reine Infrastruktur hinaus. Die physische Mobilität ist nicht weniger wichtig geworden, aber in Zukunft wird die Zugänglichkeit von Informationsnetzwerken im Mittelpunkt stehen. Das «Recht auf Zugang» bezieht gerade auch diejenigen mit ein, die aufgrund ihrer soziökonomischen Lage die neuen Medien kaum nutzen. Es gilt, die wachsende Kluft zwischen gut eingebundenen und schlecht eingebundenen Menschen zu überbrücken. — What does this mean for the city? — Self-entrepreneurs and ultra-small businesses need access to the global networks of production, i.e. the technological infrastructure and opportunities for cooperation. Networked, mixed-use urban neighbourhoods provide concentrated «opportunity structures» for cooperation and the exchange of different forms of knowledge. Planners must, therefore, provide access to information and communication systems beyond the mere infrastructure. Physical mobility has not become any less important, but in future the main focus will be on accessibility to information networks. The «right to access» incorporates, in particular, those who are prevented by their social and economic situation from making use of the new media. There is a need here to bridge the growing gap between the well connected and the poorly connected.

Nicht lineare, monofunktionale Handlungsabläufe, sondern sich überlagernde Tätigkeiten, die unterschiedlichen Berei-chen des Alltags angehören, sind kennzeichnend für das individualisierte Handeln in Zeit und Raum. — It is not linear, mono-functional sequences of activities but overlapping activities performed in different spheres of everyday life that are characteristic of individualised performance in time and space.

DETERMINIERTER RAUM ▬▬ OPTIONALER RAUM
DETERMINED SPACE ▬▬ OPTIONAL SPACE

FLIESSBAND ▬▬ PARALLEL AKTIONEN
ASSEMBLY LINE ▬▬ MULTI-TASKING

MONOFUNKTIONEN ▬▬ VIELFÄLTIGE FUNKTIONEN
MONO-FUNCTIONS ▬▬ MULTIPLE FUNCTIONS

Was heißt das für die Stadt? — Die Trennung von Arbeit und Wohnen, von Erwerbsarbeit und Familienleben, von Arbeit und Freizeit, die kennzeichnend für die «Stadt der einfachen Moderne» war, löst sich auf und wird dysfunktional. Baulich-räum-liche Typologien sollten deshalb kombinierte Aktivitäten ermöglichen: Wohnen und Arbeiten, Familienleben und Arbeit, Arbeit und Freizeit; und sie sollten Privatheit und Öffentlichkeit auf neue Art verbinden. Die wachsende Komplexität der individualisierten Handlungsweisen, das zunehmende Multi-Tasking in den täglichen Aktivitäten der Menschen, das erhöhte Tempo gesellschaftlicher Veränderungen verlangen nach einer Entsprechung im Städtebau: Er muss eine Vielfalt von Programm-Optionen ermöglichen jenseits rationalistischer Funktionalisierung. Der «funktionale» Raum für Austausch und Gemeinschaftsbildung ist nicht mehr der traditionelle Raum in der Stadt; der Informationsraum hat diese Position übernom-men. Waren, Geld, Information, Unterhaltung werden weniger im Stadtraum ausgetauscht. Theoretisch ist jede Information über den medialen Raum zugänglich, und die wesentliche Schwierigkeit besteht darin, an die relevanten Informationen zu gelangen. Informationen brauchen Filter. — What does this mean for the city? — The separation of working and living, of gain-ful employment and family life, of working time and leisure time that was typical of the «city of simple modernity» is evaporating and becoming dysfunctional. Structural and spatial typologies, therefore, need to pave the way for combined activities – living and working, family life and work, work and leisure – and they need to link the public and the private in new ways. The growing complexity of individualised modes of activity, the increase in multi-tasking in people's everyday activities, the increased speed of social change call for a corresponding response from urban developers. They need to devise a variety of programme options that go beyond rationalist functionalisation. The «functional» space for exchange and community build-ing is no longer the traditional space in the city. The information space has now taken over this position. Goods, money, infor-mation and entertainment are being exchanged to a lesser extent in the urban space. In theory, every item of information is available via this media space; the real difficulty is access to the information that is relevant. Information needs filters.

Die Überlagerung der physischen durch digitale Kommunikationskanäle führt zu einer Aufweichung städtischer Ordnungsprinzipien, räumlicher Hierarchien und Zentren. Sie erfahren eine Umdeutung und Neuinterpretation. Anstelle einer zentralisierten Ausrichtung entwickeln sich Formen der Verdichtung mit größerer Ausdehnung, bei der die Konzentration von Wissen, Dienstleistungen, Lebensqualität, Aktivitätsdichten und Naturraum immer wichtiger werden. — The overlapping of physical by digital communication channels is weakening the principles of urban structure, spatial hierarchies and centres. They are being interpreted in new and different ways. Instead of a centralised focus, they are developing forms of density with a greater extension, in which the concentration of knowledge, services, the quality of life, the intensity of activities and natural space are becoming ever more important.

STADT ▓▓▓ **INFORMATION**
SPACE ▓▓▓ INFORMATION

ZENTRALITÄT ▓▓▓ **HÄUFUNG**
CENTRALITY ▓▓▓ CLUSTER

HAUPTSTRASSE ▓▓▓ **FELDSTRUKTUR**
MAIN STREET ▓▓▓ FIELD STRUCTURE

Was heißt das für die Stadt? — Der Stadtraum kann ein Filter für Informationen werden, anstatt die Quelle der Informationen zu sein. Das bedeutet für die räumliche Planung und Gestaltung, dass sie die Schnittstelle zwischen Raum und Information in der Stadt mit entwickeln muss. Heutige Technologien (PDA, GPS) bieten dafür vielfältige Möglichkeiten und erlauben es darüber hinaus, städtische Orientierungssysteme zu überdenken. Im Stadtraum können mittels dieser Technologien neue Zugänge und Orientierungen bereitgestellt werden. Sie treten dann neben traditionelle räumliche Orientierungssysteme wie Plätze und Achsen. Die visuelle Präsenz von Dienstleistungen und Einzelhandel entlang einer «Main Street» lässt sich mit GPS und PDA als «urbanes Feld» mit erweiterten Zugangsmöglichkeiten organisieren. — What does this mean for the city? — The urban space can become a filter for information instead of being a source of information. Spatial planners and designers, therefore, have to help shape the interface between space and information in the city. Modern technologies (PDAs, GPS) offer wide-ranging potential in this respect and they also make it possible to rethink urban orientation systems. These technologies can be used to provide new sources of access and orientation in the urban space, which will take their place alongside traditional spatial orientation systems, such as squares and axes. With the help of GPS and PDAs the visual presence of services and retail outlets along a «main street» can be arranged in the form of an «urban field» with extended access potential.

ABBILDUNGSNACHWEIS

Die trotz intensiver Nachforschungen unbekannt gebliebenen Copyright – Inhaber bittet die Herausgeberin um Mitteilung an die Stiftung Bauhaus Dessau. — (52) Nolli's map of Rome, In: R. Venturi/D.Scott Brown/Izenour, Learning from Las Vegas.England 1991 — (52) Internet-Connections mapping, Hal Burch, Lumeta , Internet Mapping Project 1998-2001 — (56) Three businessmen in teleconference meeting, © Stone, Foto: K. Fisher — (57) Businesswoman eating lunch, © Gettyimages, Foto: Daly + New — (54, 55, 57) Businessmen looking at pape, © Gettyimages, Foto: B. Erlanson — (64) Brain structure during quiet state, In: Chaos +Kreativität, GeoWissen, Nov. 1993, S. 120 — (65) Brain structure during active state, In: Chaos +Kreativität, GeoWissen, Nov. 1993, S. 120 — (67) Laptop computer on stack … , © Gettyimages, Foto: R. Lockyer — (69) Businessman pushing …, © Getty-images, Foto: Oppenheim — (69) Businessman pushing businesswoman in office chair, © Stone, Foto: K. Mosko-witz — (69) Mother and son (18-24 months) playing in kitchen, © Taxi, Foto: N. Buesing — (69) Stuhl Panton, In S. Philippi/S.Uppenbrock (Hrsg.), C. Fiell/P. Fiell, Thousands Chairs, Taschenverlag 2000 — (100) Harbourview Sydney, © Urban Design Advisory Service (UDAS) 2001 — (98/99) Airview Sydney, © Land and Property Information NSW (Publisher) 2000 — (101) Rozelle, In: K.Young, Rozelle marshalling yards, premasterplan, finalreport, Milsons Point – NSW 1998 — (88) Young woman with baby (6-9 months) using cashpoints machine, © Stone, Foto: H. Grey — (84,85,130,132) Ohne Titel, FontShop — (131, 134) Parents, twin girls, boy an…, © Gettyimages, Foto: C. Barker — (131, 134) Ohne Titel, FontShop — (130, 136) Ohne Titel, FontShop — (130, 136) Ohne Titel, FontShop — (130, 136) Ohne Titel, FontShop — (131, 138) Yatsuki+Duong, In: PHAIDON, Fruits, Foto: S. Aoki, London /New York

LIST OF ILLUSTRATIONS

The editor kindly requests the copyright owners, whom she has been unable to contact despite intensive efforts, to make themselves known to the Bauhaus Dessau Foundation. — (52) Nolli's map of Rome, in: R. Venturi / D. Scott Brown / S. Izenour, Learning from Las Vegas, England 1991 — (52) Internet Connections Mapping, Hal Burch, Lumeta, Internet Mapping Project 1998-2001 — (56) Three businessmen in a teleconference meeting, © Stone, photo: K. Fisher — (57) Businesswoman eating lunch, © Gettyimages, photo: Daly + New — (54, 55, 57) Business-men looking at a paper, © Gettyimages, photo: B. Erlanson — (64) Structure of the brain when at rest, in: Chaos + Kreativität, GeoWissen, Nov. 1993, p. 120 — (65) Structure of the brain when active, in: Chaos + Kreativität, GeoWissen, Nov. 1993, p. 120 — (67) Laptop computer on stack … , © Gettyimages, photo: R. Lockyer — (69) Businessman pushing …, © Gettyimages, photo: Oppenheim — (69) Businessman pushing businesswoman in an office chair, © Stone, photo: K. Moskowitz — (69) Mother and son (18-24 months) playing in kitchen, © Taxi, photo: N. Buesing — (69) Panton Chair, in S. Philippi/ S. Uppenbrock (Eds.), C. Fiell / P. Fiell, 1,000 Chairs, Taschen-verlag 2000 — (100) Harbour view of Sydney, © Urban Design Advisory Service (UDAS), 2001 — (98/99) Aerial view of Sydney, © Land and Property Information NSW (Publisher), 2000 — (101) Rozelle, In: K. Young, Rozelle marshalling yards, pre-masterplan, final report, Milsons Point – NSW 1998 — (88) Young woman with baby (6-9 months) using cashpoints machine, © Stone, photo: H. Grey — (84,85,130,132) No title, FontShop — (131, 134) Parents, twin girls, boy and…, © Gettyimages, photo: C. Barker — (131, 134) No title, FontShop — (130, 136) No title, FontShop — (130, 136) No title, FontShop — (130, 136) No title, FontShop — (131, 138) Yatsuki+Duong, in: PHAIDON, Fruits, photo: S. Aoki, London /New York

AUTOREN / AUTHORS
Wilfried Hackenbroich, Architekt in Berlin und freier Mitarbeiter der Stiftung Bauhaus Dessau Architect in Berlin and freelance at the Bauhaus Dessau Foundation Regina Sonnabend, Stadtplanerin, wissenschaftliche Mitarbeiterin der Stiftung Bauhaus Dessau Urban planner, research assistant at the Bauhaus Dessau Foundation

MITARBEIT / ASSISTANTS AND COLLABORATORS
Bauhaus Kolleg Management Ute Lenssen Forschung Research Elisabeth Kremer/Stiftung Bauhaus Dessau, Silke Steets/Leipzig, Rolf Stein/Berlin — Recherche & Dokumentation Exploration & Documentation Heike Brückner/ Stiftung Bauhaus Dessau, Julia Neumann/Büro Hackenbroich — Entwurfsstudie & Visualisierung Design Study & Visuals: Rainer Mühr/Büro Hackenbroich

Die vorliegenden Publikation basiert auf der konzeptionellen Arbeit und den vielfältigen Kooperationen des Bauhaus Kollegs III «Serve City». Die Stiftung Bauhaus Dessau dankt insbesondere folgenden Personen und Institutionen — This publication rests on the conceptual work and manifold cooperation involved in the Bauhaus Kolleg III «Serve City». The Bauhaus Dessau Foundation extends special thanks to the following individuals and institutions:

Teilnehmer Bauhaus Kolleg III «Serve City» Participants in Bauhaus Kolleg III «Serve City» Esther Anatolitis, Kayt Brumder, Oksana Chepelik, Tina Hollenbacher, Mauro Cavaletti, Juan Pablo Ayala Cortes, Trevor Creighton, John Grzinich, Pierre Lemaire, Adele Madelo, Armando Montilla, Jorge Pereira, Jr., Mahesh Radhakrishnan, Nick Rawcliffe, Nuno Rosado, Karen Wong — **Sydney** Prof. Peter Droege/University of Sydney, John Braithwait/IMAN International Pty Limited, Jane Mc Credie/UDAS Urban Design Advisory Service, Dr. Roland Goll, Goethe Institut Sydney, Garry Silk/Sydney Harbour Foreshore Authority, Geoff Hanmer/WHP Architects, Land and Property Information NSW, Marion Gluck, Belinda and Paul Walter — **Kritik** Critics Maja Engeli, Kerstin Hoeger, Gregor Langenbrinck, Jan Löcken, Steffen Klein, Anna Klingmann, Ulrich Königs, James Slevin, Andreas Ruby, Michael Wiedemeyer

http://www.bauhaus-dessau.de/kolleg/servecity

ANKÜNDIGUNG

Die Stiftung Bauhaus Dessau veröffentlicht eine weitere Gestaltungsstudie der Postproduktion des Bauhaus Kollegs III «Serve City» unter: The Bauhaus Dessau Foundation will publish a further design study on the net, which is based on the results of the Bauhaus Kolleg III «Serve City»: **http://www.bauhaus-dessau.de/amico**.

AMICO – SEXINESS SIEGT ÜBER FUNKTIONALITÄT AMICO – SEXINESS BEATS FUNCTIONALITY
Eine strategische Neubestimmung von Einsatzgebiet und Interface Design für «video mediated communication» (Videogestützte Kommunikation) zur Schaffung der Voraussetzungen für eine marktfähige Massentechnologie Konzeption und Realisierung: Tim Edler unter Mitarbeit von John de Kron. — Relocating the focus of usage and interface design of VMC (video mediated communication) to build the basic requirements for a future mass communication technology. Concept & implementation: Tim Edler assisted by John de Kron. Go to: http://www.bauhaus-dessau.de/amico